Bildnachweis/Picture credits/
Índice de ilustraciones/
Provenienza delle immagini:

Alle Abbildungen stammen – soweit
nicht anders vermerkt – von Michael
Imhof mit Ausnahme von/All images
are by Michael Imhof – if not otherwise
noted – with the exception of/Todas las
ilustraciones (a menos que se indique lo
contrario) son de Michael Imhof, con la
excepción de/Tutte le illustrazioni sono
– se non indicato diversamente – di Michael Imhof ad eccezione di:
S. 40/41: Tourismus + Congress GmbH,
Frankfurt a. M./Holger Ullmann; S. 67:
historisches museum frankfurt; S. 118:
Städel Museum; S. 119 u.: © schneider+
schumacher Architekturgesellschaft mbH,
Frankfurt a. M.; S. 120, 122/123:
© Städel Museum/Norbert Miguletz;
S. 124, 125 u.: Museum Giersch

© 2011
Michael Imhof Verlag GmbH & Co. KG
Stettiner Straße 25, D-36100 Petersberg
Tel. 0661/9628286; Fax 0661/63686
www.imhof-verlag.de

Fotos und Texte: Michael Imhof

Übersetzung/Translation/
Traducción/Traduzione:
Jonathan Darch, Rhett Griffith, Pablo
de la Riestra, Simone Valeriani

Gestaltung und Reproduktion/
Design and Reproduction/
Diseño y realización/Progetto grafico:
Michael Imhof Verlag

Druck/Printed by/Impresión/Stampa:
Grafisches Centrum Cuno GmbH &
Co. KG, Calbe

Printed in EU

ISBN 978-3-86568-466-0

Michael Imhof

FRANKFURT AM MAIN
FRANCFORT – FRANCOFORTE

Architektur und Kunst • Art and Architecture
arte y arquitectura • arte e architettura

Michael Imhof Verlag

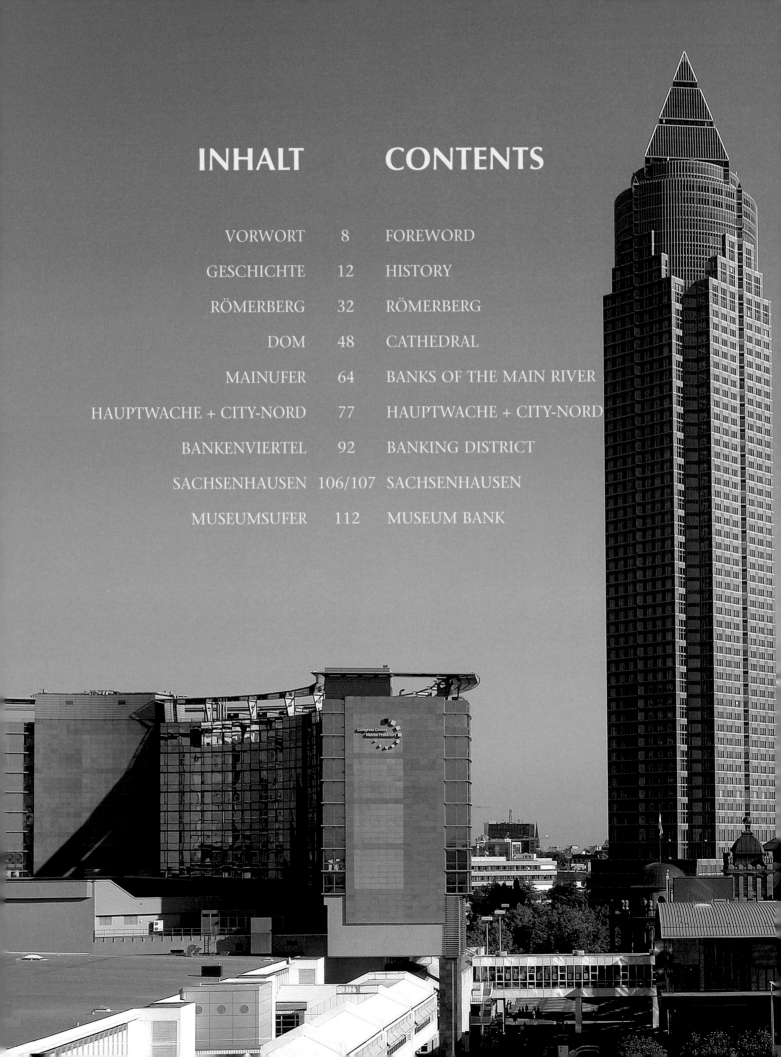

INHALT   CONTENTS

ÍNDICE   INDICE

Messegelände mit Messeturm (1988–91)
und Forum Messe Frankfurt (2001)

Frankfurt exhibition grounds with Tower
(1988–91) and Forum (2001)

Recinto ferial con Torre de las Ferias (1988–91)
y Forum Messe Frankfurt (2001)

Zona fieristica con Messeturm (Torre della fiera,
1988–91) e Forum Messe Frankfurt (2001)

VORWORT • FOREWORD

Frankfurt am Main, in der Mitte Deutschlands gelegen, ist das Herz des Rhein-Main-Gebiets, einer der produktivsten und dynamischsten Regionen Europas mit 4,8 Mio. Einwohnern, über 300 000 Unternehmen und einem jährlichen Bruttoinlandsprodukt von mehr als 150 Milliarden Euro. Mit seiner Börse und fast 400 Bankinstituten aus vielen Ländern mit 40 000 Angestellten gehört Frankfurt zu den internationalen Finanzmetropolen und ist einer der größten Messeplätze in Europa. Jährlich finden etwa 34 Fachmessen und 16 sog. Welt-Leitmessen mit 43 000 Ausstellern und rund 2,6 Mio. Besuchern statt, darunter die weltweit größte Buchmesse und die IAA (Automobilmesse). Gleichfalls sind der Flughafen und der Bahnhof die größten Kontinentaleuropas.

Für Deutschland einzigartig ist die seit 1960 einsetzende kontinuierliche Hochhausbebauung im Maßstab amerikanischer Großstädte, vornehmlich im Westteil der Stadt, dem Messe- und Bankenviertel. Die Skyline brachte Frankfurt die Namen „Mainhattan" und „Bankfurt" ein.

Frankfurt ist eine internationale Stadt, auch aufgrund des hohen Ausländeranteils. 40 % der 625 000 Einwohner haben einen nicht-deutschen kulturellen Hintergrund. 180 Kulturen leben in Frankfurt zusammen. „Multikulti" zeigt sich in der Gastronomie und in der Kultur.

Der historische Stadtkern rund um den Römerberg besteht heute fast ausschließlich aus Bauten der Zeit nach 1946, da die Stadt durch Kriegszerstörungen, vornehmlich in der Nacht vom 22. auf den 23. März 1944, einen großen Teil ihres bauhistorischen Erbes, bestehend aus über 1 000 Fachwerkhäusern, verlor. Dennoch prägen die historischen Gebäude, wie z. B. Römer, Dom, Hauptwache und Paulskirche, bis heute das historische Zentrum. Die nur gering zerstörten Neubauviertel aus dem ausgehenden 19. und frühen 20. Jahrhundert einschließlich des so genannten „Museumsufers" mit seinen 13 Museen sowie das alte Zentrum von Sachsenhausen haben oft noch ihren alten Charme bewahrt.

Frankfurt am Main, situated in the middle of Germany, forms the heart of the Rhine/Main district, one of the most productive and dynamic regions in Europe, with a population of 4.8m, over 300,000 businesses and an annual gross domestic product of more than 150bn Euro. With its stock exchange and nearly 400 banking institutions from numerous countries employing around 40,000 staff, Frankfurt rates as one of the world's major financial centres. The city is also one of Europe's main venues for trade fairs and exhibitions, with 34 fairs taking place each year, of which 16 represent the leading show worldwide in their sector. Attracting 43,000 exhibitors and around 2.6m visitors, these include both the largest book fair in the world and the IAA, the International Motor Show. The city's airport and railway station are likewise the largest of their kind in mainland Europe.

The steady construction in Frankfurt since 1960 of skyscrapers on the scale of major American cities is quite unique for Germany. Largely a feature of the trade fair and banking districts in the western part of the city, the high-rise skyline has earned Frankfurt the nicknames of 'Mainhattan' and 'Bankfurt'.

Frankfurt is also an international city by virtue of its high percentage of foreign residents. 40% of the population of 625,000 have a non-German cultural background. In total, 180 different cultures live together in Frankfurt, with this multi-ethnic mix reflected in the city's own culture and range of gastronomic delights.

A large part of the city's architectural heritage, consisting of over 1,000 half-timbered buildings, was destroyed in the War, predominantly during the night of the 22nd to 23rd March 1944. Today, the historic core of the city around Römerberg Square therefore consists almost exclusively of buildings that date from the period post 1946. Nevertheless, it is historic buildings such as the Römer (the Town Hall), the cathedral, the Hauptwache (Main Guardhouse) and St. Paul's Church that to this day still give the city's historic centre its char-

Stadtadler an der Sachsenhäuser Warte
The city's eagle on the Sachsenhausen watchtower
Águila de Francfort en el atalaya de Sachsenhausen
L'aquila simbolo della città presso la Sachsenhäuser Warte

PRÓLOGO • PREMESSA

Situada en el centro de Alemania, Francfort del Meno es el corazón de la región del Rin-Meno, una de las más productivas y dinámicas regiones de Europa con sus 4.800.000 habitantes, más de 300.000 empresas aquí instaladas y un producto interno anual de más de 150 mil millones de euros. Con su Bolsa, sus más de 400 instituciones financieras de los más diversos países y unos 40.000 empleados bancarios pertenece Francfort a la categoría de las metrópolis financieras de rango internacional, siendo también uno de los más grandes centros feriales de Europa. Cada año tienen lugar aquí 34 ferias especializadas y 16 ferias "líderes" con 43.000 expositores y más de dos millones y medio de visitantes, como por ejemplo la Feria del Libro – que es la mayor del mundo – y la IAA (Feria de Automóviles). Asimismo el Aeropuerto y la Estación Central de Ferrocarril son los mayores de la Europa continental.
Única en su género dentro de Alemania es la construcción de rascacielos, que comenzó en 1960 y ha tomado con el tiempo verdaderas proporciones "americanas", localizada especialmente en la par-

La città di Francoforte sul Meno, situata al centro della Germania, è il cuore del territorio del Meno e del Reno, una delle regioni più produttive e dinamiche d'Europa, con 4,8 milioni di abitanti, più di 300.000 aziende ed un prodotto interno lordo annuo di più di 150 miliardi di euro. Con la sua Borsa e quasi 400 istituti bancari con 40.000 dipendenti Francoforte è una delle metropoli finanziarie internazionali ed una delle più grandi città fieristiche d'Europa. Ogni anno vi si svolgono circa 34 fiere specialistiche e 16 fiere di rilevanza mondiale con 43.000 espositori e circa 2,6 milioni di visitatori; tra queste la fiera del libro più grande del mondo e la IAA (fiera dell'automobile). Anche l'aeroporto e la stazione sono i più grandi dell'Europa continentale.
Unico in tutta la Germania è lo sviluppo urbano caratterizzato da grattacieli in stile americano che, iniziato nel 1960, ha influenzato in particolare la parte occidentale della città, la zona fieristica e quella bancaria. Lo Skyline

acter. The newer area of central Frankfurt, developed in the late 19th and early 20th century, suffered only minor damage in the War. This district, including the so-called 'Museum Bank' with its 13 museums, and the old centre of Sachsenhausen have in many cases retained their old charm.

Frankfurter Altstadt 2011

Frankfurt's old town, 2011

El área de la ciudad vieja en 2011

Il centro storico di Francoforte, 2011

te oeste de Francfort, en los barrios de la Feria y los Bancos. Por su silueta erizada de rascacielos, la ciudad se ha ganado los apodos de "Mainhattan = Manhattan del Meno" y "Bankfurt".

Francfort es una ciudad internacional, también por su gran proporción de extranjeros. Un 40 por ciento de los 625.000 habitantes son de origen cultural no alemán. Hay unas 180 culturas conviviendo en la ciudad. La "multicultura" se muestra en la gastronomía y en la misma cultura general.

El centro histórico consta hoy predominantemente de edificios posteriores a 1946, ya que por las destrucciones de la Segunda Guerra Mundial, en especial la ocurrida durante el bombardeo nocturno del 22 al 23 de Marzo de 1944, Francfort perdió la mayor parte de su patrimonio histórico, que contaba con nada menos que unas 1.000 casas entramadas. Sin embargo, aún hoy la catedral gótica, el Römer, la Hauptwache (Guardia Principal) y la iglesia de San Pablo imprimen su sello característico al centro. Los nuevos barrios surgidos en el siglo XIX y a comienzos del XX sufrieron escasos daños y han podido conservar así mucho de su antiguo encanto. Lo mismo vale para el centro histórico de Sachsenhausen y para la "Museumsufer" (la "Orilla de los museos"), con sus trece museos.

Frankfurt-Flughafen, The Squaire von 2009–2010, 660 m lang
Frankfurt Airport, The Squaire, built in 2009-2010, 660 m long
Aeropuerto de Frankfurt, The Squaire de 2009–2010, 660 m de longitud
Aeroporto di Francoforte, The Squaire del 2009–2010, 660 m di lunghezza

è valso a Francoforte il nome di "Mainhattan" e "Bankfurt".
Francoforte è una città internazionale anche a causa dell'
alta percentuale di stranieri: 40% dei 625.000 abitanti hanno
un retroterra culturale non tedesco, 180 culture coesistono
nella città. La pluralità delle provenienze si manifesta nella
gastronomia e nella cultura.
Il centro storico intorno al *Römerberg* (piazza del municipio)
si compone quasi esclusivamente di edifici costruiti dopo il
1946, a causa delle distruzioni belliche, avvenute soprattutto nella notte tra il 22 ed il 23 marzo 1944, quando la città
perse più di 1.000 tipici edifici a telaio ligneo (*Fachwerkhäuser*). Ciononostante l'architettura storica, come il Römer, il
Duomo, la Hauptwache e la chiesa di S. Paolo, caratterizzano
il centro cittadino. I quartieri risalenti al XIX ed al primo
XX secolo, sono rimasti quasi illesi dai bombardamenti e
spesso hanno conservato il loro vecchio charme, in particolare la cosiddetta "riva dei musei" (*Museumsufer*) con i suoi
13 musei ed il vecchio centro di Sachsenhausen.

GESCHICHTE • HISTORY

Kolossalfigur Karls des Großen von Karl Wendelstadt, 1843, ursprünglich auf der Alten Brücke, heute vor dem Museumseingang des Historischen Museums Frankfurt

Imposing statue of Charlemagne by Karl Wendelstadt, 1843, originally on the Old Bridge, now at the entrance to Frankfurt's Local History Museum

Figura monumental de Carlomagno, por el escultor Karl Wendelstadt. 1843, originalmente junto al Puente Viejo, hoy delante de la entrada del Museo Histórico de Francfort

Figura colossale di Carlo Magno (Karl Wendelstadt, 1843), in origine situata sulla Alte Brücke, oggi collocata davanti all'ingresso dell'Historisches Museum Frankfurt (Museo storico)

Der heutige Domhügel – ursprünglich eine von zwei Mainarmen umgebene Insel – bildet die Keimzelle Frankfurts und war seit der Steinzeit besiedelt. Ab 83 n. Chr. eroberten die Römer das Gebiet rund um das heutige Frankfurt bis zur Wetterau. Unter Kaiser Domitian entstand auf dem heutigen Domhügel ein Kastell, dessen Fundamente mit Baderäumen und Resten einer Fußbodenheizung ergraben wurden und heute im „Archäologischen Garten" zu besichtigen sind.

Den Römern folgten im Zuge der Völkerwanderung und der Auflösung des Römischen Reiches ab 260 die Alemannen, auf die wahrscheinlich der Name „Frankfurt" zurück geht. Ab etwa dem Jahr 500 wurde das Gebiet in das Frankenreich eingegliedert.

794 wird Frankfurt erstmals in einer Urkunde anlässlich der Reichssynode Karls des Großen als „villa Franconovurd" genannt. Zu diesem Zeitpunkt muss die Ansiedlung – geprägt von Handwerkern und Händlern – bereits von überregionaler Bedeutung gewesen sein, zumal hier die karolingischen Herrscher seit Karl dem Großen (742–814) eine Königspfalz errichteten, die aus einer großen Königshalle, Wohngebäuden, einer Pfalzkapelle (aus der der heutige Dom hervorging), Wirtschaftsgebäuden und einer Befestigungsmauer bestand. Frankfurt war neben Aachen, Ingelheim und Paderborn einer der vier bedeutenden Pfalzorte der Karolinger. In der Mitte und in der 2. Hälfte des 9. Jahrhunderts erlebte die Pfalz Frankfurt – an der Zahl der Königsaufenthalte gemessen – ihre Blüte. Die karolingischen Gebäude der Pfalz wurden noch bis zur 2. Hälfte des 12. Jahrhunderts genutzt. Im selben Jahrhundert übernahm jedoch der in Teilen erhaltene staufische Saalhof am Mainufer dessen Funktion.

Auch in den folgenden Jahrhunderten behielt die Stadt ihre politische Bedeutung für das Römische Reich Deutscher Nation. So wurde 1152 Friedrich I. Barbarossa in Frankfurt zum König gewählt. Ihm folgten weitere 23 Könige und Kaiser. Ab 1562 wurden sie darüber hinaus im Dom gekrönt.

Frankfurt's roots go back to what is today the Domhügel (Cathedral Hill). Originally an island surrounded by two tributaries of the River Main, the hill has been settled since the Stone Age. In the period from 83AD, the Romans conquered the area around the current city of Frankfurt, advancing as far as Wetterau. Under Emperor Domitian a castle was built on present-day Cathedral Hill. The castle's foundations, along with bathing rooms and a floor heating system, have since been excavated and can now be seen in the Archaeological Garden.

In the course of the migration of Germanic tribes and the dissolution of the Roman Empire, the Romans were followed from 260 by the Alemanni, from whom the name 'Frankfurt' probably stems. From around the year 500, the district was incorporated into the Frankish empire.

The earliest documentary reference to Frankfurt dates from Charlemagne's imperial synod of 794, when it was referred to as 'villa Franconovurd'. The settlement, populated typically by craftsmen and merchants, must by that time have already been of more than local significance, especially as the Carolingian rulers that followed Charlemagne (742–814) built a royal palace here, made up of a royal hall, residential buildings, a royal chapel (from which today's cathedral evolved), business buildings and a fortified wall. Along with Aachen, Ingelheim and Paderborn, Frankfurt was one of the Carolingian's four main palace locations. The palace of Frankfurt enjoyed its heyday – measured by the number of times kings were in residence there – during the middle and second half of the 9th century. The palace's Carolingian buildings continued to be used until the second half of the 12th century. However, in that same century, its function was taken over by the palatial Staufer-period 'Saalhof' on the Main embankment, which remains partially intact today.

Over the ensuing centuries, the city continued to retain its political importance for the Roman Empire of the German Nation. In 1152, for instance, it was in Frankfurt that Frederick I

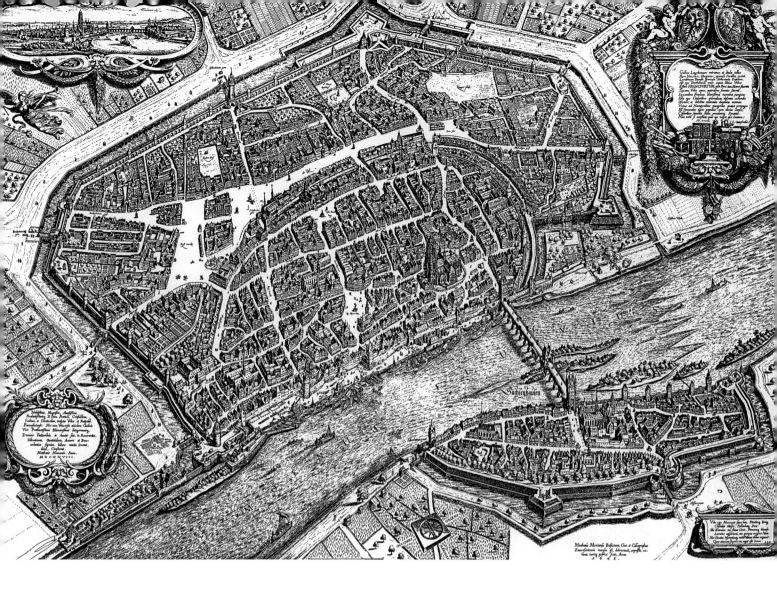

HISTORIA • STORIA

La actual colina de la catedral, que inicialmente estaba rodeada por dos brazos del Meno, es el origen de Francfort y estuvo habitada desde la Edad de Piedra. A partir del 83 d.C., los romanos invadieron la región donde hoy está la ciudad, llegando hasta el Wetterau. Bajo el emperador Domiciano surgió una fortificación, cuyos fundamentos con baños y restos de una calefacción hipocáustica fueron excavados y pueden visitarse hoy como "jardín arqueológico". En la época de transmigración de los pueblos y durante la progresiva disolución del Imperio Romano los alamanes sucedieron a los romanos (a partir del año 260). Es a ellos a quienes se remonta seguramente el nombre de "Frankfurt". A partir de aproximadamente el 500 la región quedó subsumida en el Reino de los Francos.

L'attuale collina del Duomo – in origine un'isola circondata da due rami del Meno – costituisce il cuore di Francoforte e fu abitata sin dall'età della pietra. Dall' 83 d. C. i Romani conquistarono il territorio che circonda l'attuale Francoforte fino a Wetterau. Sotto l'imperatore Domiziano sorse su quello che oggi è il colle del Duomo, un castello, le cui fondazioni, comprendenti sale da bagno e resti di un sistema di riscaldamento a pavimento, sono state oggetto di scavi archeologici e possono essere visitate nel "Giardino archeologico".
Dal 260, in conseguenza delle invasioni barbariche e dello scioglimento dell'impero romano, ai Romani succedettero gli Alemanni dai quali deriva, probabilmente, il nome "Francoforte". Intorno all'anno 500 questo ter-

Vogelschauplan von Matthäus Merian, gestochen 1628, 1761 zuletzt gestochen, um einige inzwischen errichtete Neubauten wie Bastionen ergänzt.

Bird's eye plan of the city by Matthäus Merian, engraved in 1628, last updated in 1761, adding several new buildings erected in the interim, such as the bastions.

Perspectiva aérea de Francfort, grabada en 1628 y reeditada por última vez en 1761 para completarla con edificios más nuevos.

Pianta a volo d'uccello di Matthäus Merian, realizzata nel 1628, incisa per l'ultima volta nel 1761 per integrare alcuni edifici di nuova costruzione come i bastioni.

Neben dem Pfalzgelände hatte sich im Laufe des frühen Mittelalters auf dem Römerberg mit dem Marktplatz, auf dem seit dem 11. Jahrhundert die Herbstmessen stattfanden, zusätzlich ein bürgerliches Machtzentrum herausgebildet. Gleichfalls wurde im 11. Jahrhundert die erste, zunächst hölzerne Brücke über den Main errichtet, die Sachsenhausen mit Frankfurt verband.

1219 erstmals als „Stadt" bezeichnet, bestätigte 1240 Kaiser Friedrich II. das Privileg einer Herbstmesse. Ab 1333 (Privileg Ludwigs des Bayern) durfte zusätzlich eine Frühjahrsmesse abgehalten werden. Seit dieser Zeit entwickelte sich Frankfurt zur bedeutendsten Messestadt Deutschlands. 1372 wurde Frankfurt Freie Reichsstadt und blieb dies bis zur Abdankung Kaiser Franz' II. im Jahre 1806. 1381 trat die Stadt in den „Rheinischen Städtebund" ein.

Mit der gewachsenen wirtschaftlichen Bedeutung wuchs auch der Flächenbedarf der Stadt. Bereits Mitte des 14. Jahrhunderts erreichte Frankfurt die Ausdehnung des heutigen Altstadtgebiets. Dazu wurde eine neue Ringmauer angelegt, die aus 60 Türmen bestand und deren

('Barbarossa') was elected king, subsequently followed by a further 23 kings and emperors. From 1562, the cathedral also staged their coronations. During the early Middle Ages, a centre of civilian power also evolved next to the palace lands around the market square on the Römerberg, where the autumn fairs took place from the 11th century. In that same century, the first – initially wooden – bridge was erected across the Main, linking Frankfurt and Sachsenhausen.

First described as a 'city' in 1219, Frankfurt had the privilege of an autumn fair bestowed upon it by Emperor Frederick II in 1240. From 1333, the city was also allowed to hold a spring fair (a privilege granted by Louis IV). From that time forth, Frankfurt developed into one of Germany's most important trade fair cities. In 1372, it became an 'Imperial Free City' and remained this until the abdication of Emperor Francis II in 1806. In 1381, Frankfurt joined the 'League of Rhenish Cities'.

As the city increased in economic importance, so too did its need for space. By the middle of the 14th century, Frankfurt had already grown to the size of today's old town district. In addition to this, a new wall incorporating 60 towers

Saalhof

En el 794 aparece por primera vez escrito el nombre "villa Franconovurd" en un documento del sínodo imperial celebrado por Carlomagno. En ese tiempo, el asentamiento debe haber tenido importancia suprarregional, teniendo en cuenta que los soberanos carolingios erigieron desde la época de Carlomagno (742–814) un palacio imperial, que constaba de un gran Hall real, un edificio de habitación, capilla palatina (antecesora de la actual catedral), dependencias varias y un sistema de murallas. Francfort era junto a Aquisgrán, Paderborn e Ingelheim uno de los cuatro palatinados de importancia de la época carolingia. A mediados y en la segunda mitad del siglo IX Francfort debe haber llegado a un primer florecimiento, a juzgar por el crecido número de estancias de emperadores. Los edificios carolingios estuvieron en uso hasta la segunda mitad del siglo XII. Todavía en ese mismo siglo, su función la tomó el Hall estáufico situado a orillas del Meno, que en parte se conserva hasta hoy.

En los siglos siguientes la ciudad pudo mantener su importancia política dentro del Sacro Imperio Germánico. En 1152, Federico I° Bar-

ritorio venne incorporato nel Regno Franco. Al 794 risale la prima citazione di Francoforte come "villa Franconovurd" in un documento redatto in occasione del sinodo imperiale di Carlo Magno. In questo periodo l'insediamento – caratterizzato da artigiani e commercianti – deve avere già avuto un'importanza sovraregionale, confermata anche dalla costruzione di un palazzo reale da parte dei regnanti carolingi a partire da Carlo Magno (742–814). Questo era costituito da un'ampia sala regale (*Königshalle*), edifici residenziali, una cappella reale (dalla quale si sviluppò il Duomo), edifici di servizio e mura di difesa. Francoforte era, insieme ad Acquisgrana, Ingelheim e Paderborn una delle quattro residenze dei Carolingi. Nella seconda metà del IX secolo Francoforte ebbe un momento di grande fioritura, soprattutto in confronto con le altre città di residenza carolingia. Gli edifici reali originari vennero utilizzati ancora fino alla seconda metà del XII secolo. Nello stesso secolo, però, la loro funzione venne assunta dalla reggia degli Hohenstaufen (*staufischer Saalhof*), ancora in parte conservata sulla riva del Meno.

Ansicht auf Frankfurt am Main Anfang des 17. Jahrhunderts, Aquarell von Peter Becker, 1887

View of Frankfurt at the beginning of the 17th century, water colour by Peter Becker, 1887

Perspectiva del Frankfurt del Meno del siglo XVII, acuarela de Peter Becker, 1887

Vista su Francoforte sul Meno all'inizio del 17° secolo, acquarello di Peter Becker, 1887

Verlauf sich noch heute durch den Grüngürtel ablesen lässt. Im Abstand von zwei Kilometern um die Befestigung wurden auf den Höhen zudem weitere Warttürme zur Kontrolle erbaut. Zu den herausragenden Künstlerpersönlichkeiten Frankfurts im Mittelalter gehörte der Dombaumeister Madern Gerthener (um 1360–1430/31), der seit 1395 als Werkmeister des Rats und seit 1409 des Bartholomäusstifts die Leitung des gesamten Bauwesens der Stadt innehatte. Seine Hauptwerke, die er als Architekt entwarf und umsetzte, sind der Domturm (1415–1513), der Chor von St. Leonhard (ab 1425) und der Westchor der Katharinenkirche in Oppenheim (seit 1415). Darüber hinaus schuf er als Bildhauer Meisterwerke spätgotischer Skulptur: das Drei-

was erected to encircle the city, the course of which can still be traced today from Frankfurt's green belt. Additional watchtowers, set two kilometres apart, were also built as checkpoints on high ground around the fortifications. One of Frankfurt's outstanding craftsmen in the Middle Ages was the master builder and cathedral architect Madern Gerthener (c. 1360–1430/31). As Master of Works for the city council from 1395 and for St. Bartholomew's Collegiate Church from 1409, he was responsible for all of the city's building activities. His main works, which he planned and implemented as architect, are the cathedral tower (1415–1513), the choir of St. Leonard's (begun 1425) and the west choir of St. Catherine's in Oppenheim

Im Abstand von mindestens zwei Kilometern um die Stadtmauer Frankfurts wurden ab Ende des 14. Jahrhunderts Wachtürme für die Landwehr errichtet. Die Friedberger Warte (links) wurde 1478 zum Schutz des Dorfes Bornheim erbaut. Von der Bockenheimer Warte (rechts oben) ist der 30 Meter hohe Wachturm (um 1434/35, Fachwerk um 1550 erneuert) erhalten. Die Sachsenhäuser Warte (rechts) an der Darmstädter Landstraße ist für 1396 überliefert und wurde 1470/71 erneuert.

From the end of the 14th century, watchtowers were erected for the militia, set at least two kilometres apart around Frankfurt's city wall. The Friedberg look-out (left) was built in 1478 to protect the village of Bornheim. The 30-metre high watchtower of the Bockenheim look-out (above right) remains intact (this was built c. 1434/35, with the half-timbering replaced around 1550). The Sachsenhausen look-out (right) on the Darmstädter Landstrasse is said to date from 1396 and was rebuilt in 1470/71.

A una distancia de al menos dos kilómetros delante de la cintura de murallas de Francfort se levantaron atalayas para la defensa de los campos circundantes. El atalaya de Friedberg (izq.) se erigió en 1478 para proteger la aldea de Bornheim. Del atalaya de Bockenheim (arriba, dcha.) se ha conservado la torre de 30 mts. de altura (1434/35, entramado renovado en 1550). El atalaya de Sachsenhausen (dcha.) sobre la Darmstädter Landstrasse ya era conocido en 1396 y fue renovado en 1470/71

A distanza di almeno due chilometri dalla cinta muraria di Francoforte furono erette, a partire dalla fine del XIV secolo, torri di guardia per la milizia territoriale. La Friedberger Warte (a sinistra) fu edificata nel 1478 a difesa del paese di Bornheim. Della Bockenheimer Warte (in alto a destra) si è conservata la torre alta 30 Metri (costruita intorno al 1434/35, struttura lignea rinnovata intorno al 1550). La Sachsenhäuser Warte (a destra) presso la Darmstädter Landstraße, è documentata già nel 1396 e fu rinnovata nel 1470/71.

barroja fue elegido como rey en Francfort. A él siguieron 23 reyes y emperadores. Además de la elección hecha en una capilla de la catedral, desde 1562 tuvo lugar también la coronación dentro de la misma iglesia (que sin embargo nunca fue una sede obispal).

Junto al área palatina se fue formando en el transcurso de la temprana Edad Media el centro de poder ciudadano: la Plaza del Mercado en la colina del Römer, en la cual desde el siglo XI se venían celebrando las Ferias de otoño. En ese mismo siglo se construyó el primer puente de madera sobre el Meno, que unió a Sachsenhausen con Francfort.

Nombrada en 1219 por primera vez en calidad de "ciudad", el emperador Federico II° confirmó el privilegio de celebración de ferias otoñales. A ello se agregó a partir de 1333 el privilegio de Luis el Bávaro de celebrar ferias en primavera. Desde ese entonces, Francfort se convirtió en la ciudad ferial más importante de Alemania. En 1372 tuvo lugar la declaración de Francfort como "ciudad libre del Imperio", cualidad que matuvo hasta la abdicación del Emperador Franz II° en 1806. En 1381 la ciudad pasó a formar parte de la Liga de ciudades renanas.

La creciente importancia económica conllevó un crecimiento en superficie. Ya a mediados del siglo XIV Francfort alcanzó los límites de la actual ciudad vieja. En esa ocasión se proveyó a la ciudad de una muralla defensiva con 60 torres, cuyo recorrido puede seguirse fácilmente por el cinturón verde que rodea al centro. A una distancia de 2 km por delante de la muralla se erigió un sistema de atalayas defensivas, que tenían la función de control del campo circundante.

Entre las sobresalientes personalidades de Francfort en la Edad Media encontramos al maestro catedralicio, Madern Gerthener (aprox, 1360-1430/31), que desde 1395 como maestro mayor del Consejo Municipal y a partir de 1409 en su condición de maestro mayor de la colegiata de Sanm Bartolomé (la "catedral") tenía bajo su supervisión todas las obras edilicias de la ciudad. Sus obras maestras, diseñadas y ejecutadas por él, son la torre catedralicia (1415–1513), el coro-ábside de San Leonardo (desde 1425) y el

Anche nei secoli successivi la città mantenne la sua importanza politica per il Sacro Romano Impero. Federico Barbarossa, ad esempio, venne qui incoronato re nel 1152. A lui fecero seguito altri 23 re ed imperatori. Dal 1562 essi vennero incoronati nel Duomo.

Nel corso dell'alto Medioevo, accanto alla zona del castello si era sviluppato sul Römerberg un mercato presso il quale, dall'XI secolo, si svolgevano fiere autunnali e che costituiva il centro del potere mercantile. Sempre nell'XI secolo fu costruito il primo ponte sul Meno, dapprima ligneo, che connetteva Sachsenhausen con Francoforte.

Nel 1219 Francoforte fu per la prima volta denominata "città" e, nel 1240 l'imperatore Federico II le confermò il privilegio di una fiera autunna-

königsportal der Frankfurter Liebfrauenkirche (um 1420–25) und die Memoirenpforte des Mainzer Doms (um 1425).

Gegen Ende des Mittelalters besaß Frankfurt etwa 10 000 Einwohner bei knapp 3 000 Gebäuden, bei denen es sich in der Regel um Fachwerkhäuser handelte. Bis 1944 galt Frankfurt als eine der Städte mit dem größten Bestand an Fachwerk weltweit.

Im Zuge der Reformation wurde Frankfurt 1535 lutherisch. Aus diesem Grund wurden 1554 niederländische Glaubensflüchtlinge aufgenommen. 1562 fand die erste Kaiserkrönung (von Maximilian II.) in Frankfurt statt. Seit dieser Zeit war Frankfurt mit wenigen Ausnahmen ständiger Krönungsort der deutschen Kaiser. 1585 wurde die Frankfurter Börse gegründet.

Der Dreißigjährige Krieg brachte wie in ganz Mitteleuropa Elend und Zerstörungen über die Stadt. Die Bevölkerung dezimierte sich. Im Zeitraum von 1631 bis 1635 war die Stadt von schwedischen Truppen besetzt. Zur Förderung des Bevölkerungswachstums ließen sich 1685 französische Glaubensflüchtlinge (Hugenotten) in Frankfurt nieder.

(from 1415). In addition to this, as a sculptor he also created several masterpieces of late Gothic sculpture, including for Frankfurt's Church of Our Lady the Three Magi doorway (c. 1420–25) and Mainz Cathedral's Memorial Door (c. 1425).

Towards the end of the Middle Ages, Frankfurt had a population of around 10,000, with just under 3,000 buildings. These were generally half-timbered structures, and until 1944 Frankfurt ranked as one of the cities with the greatest number of half-timbered buildings in the world.

In the course of the Reformation, Frankfurt became Lutheran in 1535. In 1554, the city therefore took in Dutch religious refugees.

In 1562, Frankfurt staged its first imperial coronation (that of Maximilian II). From this time forth, with just a few exceptions, Frankfurt was the permanent venue for the coronation of German emperors. In 1585, the Frankfurt stock exchange was founded.

As throughout all of Central Europe, the Thirty Years' War brought misery and destruction to the city. The population was decimated. From 1631 to 1635, the city was occupied by Swedish troops. To help the population to grow, French religious refugees (Huguenots) settled in Frankfurt in 1685. When St. Catherine's Church was built in 1681 to plans by Melchior Hessler it was the first Protestant church and first great building of the Baroque era in Frankfurt. Despite a few new buildings and numerous conversions, Frankfurt continued to remain a city with a medieval and middle-class character in the 18th century, encircled by a city wall that was last extended in 1627.

The most famous citizen of Frankfurt from this era was Johann Wolfgang Goethe (1749–1849; see Goethehaus, p. 82). Another significant personality was Mayer Amschel Rothschild (1743–1812), who was born the son of a money exchanger in a house called 'Zum Roten Schild' (Red Shield) in the Judengasse, or Jews' Lane, where his family had lived since 1567. While taking a banking apprenticeship in Hanover, he had become well connected with the man who was later to become Electoral Prince Wilhelm of Hesse-Kassel, whose fortune he rescued in 1806 from Napoleon's troops, at the time of their vic-

Dominikanerkirche, 13./15. Jh.

Dominican Church, 13th/15th century

Iglesia dominicana, ss. XIII y XV

Chiesa dei domenicani, XIII/XV sec.

coro oeste de Santa Catalina en Oppenheim (desde 1415). Además de ello dejó obras cumbre del tardogótico como el portal de los Reyes Magos de la iglesia de Nuestra Señora en Francfort (1420–25) y la puerta Memorial de la catedral de Maguncia (hacia 1425).

Hacia fines del medioevo tenía Francfort unos 10.000 habitantes y apenas unos 3.000 edificios, sobre todo casas entramadas. Hasta 1944 la ciudad tuvo uno de los más abultados patrimonios de arquitectura entramada de todo el mundo.

En la época de la Reforma, concretamente en 1535, Francfort se pasó al luteranismo. Por esta razón la ciudad pudo abrir sus puertas en 1554 a los exiliados religiosos provenientes de los Países Bajos.

En 1562 tuvo lugar la primera coronación imperial (la de Maximiliano II). Con pocas excepciones, desde ese momento se convirtió en lugar de coronación permanente de los emperadores alemanes. En 1585 se fundó la Bolsa.

La Guerra de los Treinta Años sembró miseria y destrucción en la ciudad, a igual que en todo el resto de la Europa Central. La población fue diezmada. En el lapso entre 1631 y 1635 Francfort estuvo ocupada por las tropas suecas. A partir de 1685 y para favorecer la repoblación se asentaron en la ciudad refugiados religiosos provenientes de Francia (hugonotes).

Con la construcción de la iglesia de Santa Catalina (de acuerdo a las trazas de Melchior Hessler) surgió el primer templo de prédicas protestante y el mayor edificio del barroco en Francfort. Pese a la presencia de algunas nuevas edificaciones y de numerosas reformas constructivas, la ciudad mantuvo su carácter medieval y burgués, dentro del cinturón de murallas, ampliado por última vez en 1627. La más famosa personalidad del Francfort de entonces fue Johann Wolfgang Goethe (1749–1832, ver Casa de Goethe, pág. 83). Otra personalidad destacada fue Mayer Amschel Rothschild (1743–1812), hijo de un cambista, quien nació en la casa "zum Roten Schild" (en la calle de la Judería = Judengasse), en la que vivía su familia desde 1567. Durante su carrera bancaria absolvida en Hannover mantuvo contactos con el futuro Príncipe-Elector Guillermo de Hessen-Kassel, cuya fortuna logró

le. Dal 1333 (Privilegio di Luigi di Baviera) ottenne di tenere anche una fiera in primavera. Da quel momento Francoforte divenne la più importante città fieristica della Germania. Nel 1372 Francoforte fu nominata città libera dell'impero (*Freie Reichsstadt*) e lo rimase fino a che l'imperatore Francesco II, nell'anno 1806, abdicò. Nel 1381 la città aderì alla Lega delle città renane (*Rheinischer Städtebund*).

Con il crescere dell'importanza economica crebbe anche il fabbisogno di spazio. Già alla metà del XIV secolo Francoforte raggiunse l'estensione dell'attuale centro storico. Fu quindi edificata una nuova cinta muraria che si componeva

Holzhausenschlösschen, im 15. Jahrhundert als Wasserburg erbaut und 1727–29 für die Familie von Holzhausen modernisiert / Holzhausenschlösschen, 15th century castle, 1727–29 remoderned for the Holzhausen family / Holzhausenschlösschen, construidos en el siglo XV como edificaciones rodeadas de un foso con agua y modernizados en 1727–29 para la familia von Holzhausen / Holzhausenschlösschen, costruito nel 5° secolo in qualità di castello sull'acqua e modernizzato tra il 1727 e il 1729 per la famiglia von Holzhausen

Mit dem Bau der Katharinenkirche nach Plänen Melchior Heßlers entstand 1681 die erste protestantische Predigtkirche und das erste große Bauwerk der Barockzeit in Frankfurt. Trotz einiger Neubauten und zahlreicher Umbaumaßnahmen blieb auch im 18. Jahrhundert der Charakter einer mittelalterlich und bürgerlich geprägten Stadt bestehen, umgeben von einer Stadtmauer, die zuletzt 1627 ausgebaut worden war.

Berühmtester Bürger Frankfurts dieser Epoche war Johann Wolfgang Goethe (1749–1832; siehe Goethehaus S. 82). Eine weitere Persönlichkeit war Mayer Amschel Rothschild (1743–1812), der in der Judengasse im Haus zum „Roten Schild", in dem seine Familie seit 1567 lebte, als Sohn eines Wechslers zur Welt kam. Während einer Banklehre in Hannover hatte er Kontakte zum späteren Kurfürsten Wilhelm von Hessen-Kassel geknüft, dessen Vermögen er vor den bei Jena siegreichen Truppen Napoleons 1806 rettete. Als Hofbankier erreichte er bei Karl von Dalberg 1811 die bürgerliche Gleichstellung der Frankfurter Juden. Sein auf fünf Söhne verteiltes Vermögen wurde Basis einer Weltbank.

Die Bildung des Rheinbundes, in dem sich 1806 sechzehn deutsche Fürsten vom Reich lossagten und Napoleon unterstellten, wurde zum Anlass, die römisch-deutsche Kaiserkrone nieder-

tory near Jena. In 1811, as court banker he secured from Karl von Dalberg social equality for Frankfurt's Jews. His fortune, which was divided amongst his five sons, became the basis for a major global bank.

The formation of the Confederation of the Rhine in 1806, when sixteen German princes broke away from the Empire and placed themselves under Napoleon's rule, marked time to set aside the Imperial Holy Roman crown and to declare the Empire dissolved. This process was performed in 1806 by Francis II, who had only been crowned Emperor in 1792, and with the end of the Holy Roman Empire of the German Nation, Frankfurt lost its political significance as the venue for the imperial coronations. As a consequence of the Napoleonic conquests, Frankfurt was a grand duchy from 1810–15 and, as demanded in 1815 by the French occupiers, work began on dismantling the city's fortifications. Only a small number of what was once over 60 towers were preserved. On the other hand, however, the city, now with a population of around 41,000, was able to expand outwards. A statute of 1809 strictly regulated the manner in which this had to be done. The star-shaped ring of parks, for instance, that still exists today was then created under the direction of the city

Ehem. Stadtbibliothek, 1820–25 von Joh. Friedrich Christian Hess

Former city library, 1820–25, Architect: Joh. Friedrich Christian Hess

Antigua Biblioteca municipal, de Joh. Friedrich Christian Hess, 1820–25

Ex biblioteca municipale, di Joh. Friedrich Christian Hess, 1820–25

poner a salvo de las tropas napoleónicas que triunfaron en Jena en 1806. Como banquero de Corte alcanzó en 1811 la equiparación de los derechos civiles de los judíos de Francfort. Su fortuna repartida entre cinco hijos varones fue la base de un banco mundial.

La conformación de la Liga Renana, en la que en 1806 dieciséis príncipes alemanes se separaron del Imperio colocándose a las órdenes de Napoleón, sirvió de pretexto para abolir la corona imperial romano-germánica y declarar disuelto al Imperio. Este paso lo dió Franz II°, quien había recibido la corona recién en 1792. Con el final del Sacro Imperio, Francfort perdió su significación política como lugar de la coronación imperial.

Como consecuencia de las campañas de conquista emprendidas por Napoleón, Francfort se transformó en 1810–15 en un Gran Ducado, comenzándose a demoler las murallas por mandato de la ocupación francesa. Pocas de las 60 torres subsistieron. Como contraparida la ciudad pudo expandirse, creándose en 1809 un estatuto destinado a la estrecha vigilancia de las cuestiones edilicias. Bajo la dirección del jardinero municipal Sebastian Rinz (1782–1861) surgió el anillo de parques en forma de estrella que aún se mantiene. Las entradas a la ciudad estaban marcadas ahora por "casas de guardia" clasicistas, de las cuales sólo se conservan las "Affentorhäuser" en Sachsenhausen.

Después de las guerras napoleónicas, Francfort fue de 1816 a 1866 sede del primer Parlamento alemán. En 1848/49 se reunió en la iglesia de San Pablo (Paulskirche) el primer Parlamento alemán. Es por ello que Francfort tiene un valor simbólico especial en relación a la democracia y el parlamentarismo en Alemania. El Parlamento alemán fue suspendido temporariamente a causa de la ocupación prusiana de 1866.

Con la industrialización se cuadruplicó la población entre 1871 y la Primera Guerra Mundial (de 100.000 a 400.000 habitantes), a lo que también contribuyó la incorporación de numerosos municipios vecinos. En este período surgieron lujosos hoteles, tiendas, edificios de cultura y viviendas, todo ello en estilos historicistas. Entre otros surgió el "Westend" con sus villas y jardines. Las fachadas decorativas aparecen en esta fase in-

di 60 torri ed il cui andamento è ancora oggi leggibile nel cosiddetto *Grüngürtel* (cintura verde). Tutto intorno alla cinta muraria, a distanza di due chilometri, furono costruite sulle alture altre torri di vedetta.

Tra le personalità artistiche di spicco della Francoforte medievale va ricordato il direttore della Fabbrica del Duomo Madern Gerthener (intorno al 1360–1430/ 31), che fu responsabile di tutta l'attività edilizia pubblica cittadina assumendo, a partire dal 1395, l'incarico di responsabile delle opere edili del Consiglio e, dal 1409, di responsabile dei lavori per l'opera pia di S. Bartolomeo. Le opere principali da lui progettate e realizzate in qualità di architetto sono la torre del Duomo (1415–1513), il coro di S. Leonardo (dal 1425), il coro occidentale della chiesa di S. Caterina ad Oppenheim (dal 1415). In qualità di scultore realizzò opere magistrali dell'arte tardo gotica: il portale dei Magi della Liebfrauenkirche (Chiesa di Nostra Signora, intorno al 1420–25) e la *Memoirenpforte* del Duomo di Magonza (intorno al 1425).

Verso la fine del Medioevo Francoforte aveva circa 10.000 abitanti e quasi 3.000 edifici, normalmente a scheletro ligneo (*Fachwerkhäuser*). Fino al 1944 Francoforte era considerata una delle città con il più grande patrimonio di *Fachwerkhäuser* nel mondo.

Nel 1535, nell'ambito della Riforma protestante, Francoforte divenne luterana e nel 1554 furono accolti profughi per motivi religiosi provenienti dall'Olanda.

Nel 1562 ebbe luogo a Francoforte la prima incoronazione imperiale (Massimiliano II). Da allora essa divenne, con poche eccezioni, la città di incoronazione degli imperatori tedeschi. Nel 1585 fu fondata la Borsa di Francoforte.

La guerra dei Trent'anni portò, qui come in tutta Europa, distruzioni e miseria e la popolazione fu decimata. Tra il 1631 ed il 1635 la città subì l'occupazione svedese. Ad accrescere la popolazione nel 1685 si insediarono nella città profughi per cause religiose provenienti dalla Francia (Ugonotti).

Con l'edificazione della chiesa di S. Caterina su progetto di Melchior Heßler, sorse nel 1681 la prima chiesa dei Predicatori (*Predigtkirche*) protestante e la prima grande opera barocca di Francoforte.

Darstellung Goethes am ehemaligen Hauptgebäude der Johann-Wolfgang-Goethe-Universität, 1904–05

Portrayal of Goethe on the former main building of the Johann Wolfgang Goethe University, 1904–05

Retrato de Goethe en el antiguo edificio principal de la Universidad Johann-Wolfgang-Goethe, 1904–05

Immagine di Goethe presso l'ex Edificio principale della Johann-Wolfgang-Goethe-Universität, 1904–05

zulegen und das Reich für aufgelöst zu erklären. Vollzogen wurde dieser Vorgang 1806 durch Franz II., der erst 1792 die Kaiserkrone erhalten hatte. Frankfurt verlor mit dem Ende des Heiligen Reichs deutscher Nation seine politische Bedeutung als Krönungsort deutscher Kaiser.

Als Folge der napoleonischen Eroberungszüge war Frankfurt 1810–15 Großherzogtum, und man begann, die Befestigungsanlagen, wie von den französischen Besatzern 1815 gefordert, niederzulegen. Nur wenige der einst über 60 Türme blieben erhalten. Andererseits konnte sich nun die Stadt, die etwa 41 000 Einwohner zählte, in der Breite ausdehnen, wobei ein Statut von 1809 das Bauwesen strikt regelte. So entstand unter der Leitung des Stadtgärtners Sebastian Rinz (1782–1861) der noch bestehende sternförmige Parkring. Die Zugänge in die Stadt markierten nun klassizistische Wachhäuschen, von denen nur die Affentorhäuser in Sachsenhausen erhalten sind.

Nach den Napoleonischen Kriegen war Frankfurt von 1816–66 Sitz des Ersten Deutschen Bundestages. 1848/49 tagte das erste deutsche Parlament in der Paulskirche. Damit besitzt Frankfurt einen besonderen Symbolwert für die Demokratie und den Parlamentarismus in Deutschland. Der Deutsche Bundestag fand mit der Be-

gardener Sebastian Rinz (1782–1861). The gateways into the city were now marked by small, classical guardhouses, of which only the Affentorhäuser (Monkey's Gate Houses) in Sachsenhausen remain.

After the Napoleonic Wars, Frankfurt was the seat of the first German 'Bundestag' or National Assembly from 1816–66. In 1848/49 the first German Parliament convened in the city's St. Paul's Church. Frankfurt thus holds a special symbolic value for democracy and parliamentarism in Germany. Occupation by the Prussians, however, brought an interim end to the German Bundestag in 1866.

In the course of industrialisation, the city's population quadrupled between 1871 and the First World War from 100,000 to 400,000, with the incorporation of numerous peripheral towns also playing a part. Magnificent hotels, shops, cultural buildings and apartments in the Gothic revivalist style emerged during this period. Amongst other developments, the Westend was built, with its villas and gardens. Even the rented apartments of the time were fronted with decorative designs, and, to cover the cultural needs of the upper classes, splendid theatre and museum buildings were erected, such as the Städel Museum of Art.

Der Hauptbahnhof, 1880–88 nach Plänen von Hermann Eggert erbaut, ist mit seiner 270 Meter langen Stadtfassade und seinen weit gespannten Bahnsteighallen das größte Bauwerk seiner Zeit in Europa.

Built in 1880–88 to plans by Hermann Eggert, its wide, domed passenger halls and city-facing façade of 270 metres in length made the main railway station (Hauptbahnhof) the largest building of its time in Europe.

La Estación Central, construida entre 1880 y 1888 según planos de Hermann Eggert, se presenta con su fachada de 270 mts. de largo y sus amplísimas naves sobre los andenes como la obra arquitectónica de mayor tamaño de la Europa de su época.

La stazione centrale, eretta nel 1880–88 su progetto di Hermann Eggert, con la facciata verso la città lunga 270 metri ed i capannoni a copertura dei binari dalla luce particolarmente ampia, era, quando fu eretta, l'edificio più grande d'Europa.

cluso en los edifcios de alquiler. Para cubrir las necesidades culturales de la burguesía acomodada surgieron representativos teatros y museos, como el de arte, el llamado "Städel".

A causa de su central ubicación geográfica, Francfort se convirtió en un importante nudo de comunicaciones: la navegación fluvial se mejoró en 1850 con la construcción del puerto de invierno, del puerto oeste en 1886 y del puerto este en 1907/12. Lo mismo vale para el tráfico vial y ferroviario. La Estación Central inaugurada en 1888 es la mayor de Alemania. Aparte de ésto, en 1914 se inauguró la universidad Johann-Wolfgang-Goethe.

Después de la Primera Guerra Mundial se edificaron en las zonas periféricas de Francfort modélicas colonias de vivienda social. Esta tarea estuvo a cargo del entonces Jefe de obras públicas, el arquitecto Ernst May (1886–1970), quien desempeñó su cargo de 1925 a 1930. Allí encontraron hogar un sinnúmero de trabajadores industriales. Para los apartamentos más pequeños diseñó Grete Schütte-Lihotzky junto con Ernst May la famosa "Cocina de Francfort", la primera cocina funcional de la modernidad. En sólo cinco años se construyeron 23 colonias con unas 15.000 viviendas.

La crisis económica mundial y la toma del poder por parte de los Nacionalsocialistas pusieron fin a estas obras ejemplares. La persecución por parte de los Nacionalistas hizo que buena parte de la élite intelectual abandonara el país. La población judía y su herencia cultural fueron aniquiladas. Entre los famosos miembros de la colectividad judía de Francfort se encuentra Ana Frank, nacida en 1929 en la calle Ganghoferstrasse n° 29, quien fue secuestrada de Amsterdam en 1945 y asesinada en un campo de concentración.

Durante la Segunda Guerra Mundial la ciudad fue blanco de numerosos bombardeos aéreos. En la noche del 22 al 23 de Marzo de 1944 la ciudad vieja fue casi completamente destruida. En 1945 comenzó la reconstrucción, que a causa de la urgente necesidad de viviendas se realizó a menudo con escasa calidad. Las líneas generales de la red de calles fue mantenida, aunque para favorecer el tránsito automotor notoriamente ensachada.

Nonostante la realizzazione di diversi nuovi edifici e di numerose trasformazioni, anche nel XVIII secolo rimase invariato il carattere medievale e mercantile della città, circondata da mura che erano state implementate un'ultima volta nel 1627.

Il più famoso cittadino di Francoforte, in questo periodo, era Johann Wolfgang Goethe (1749–1832; cfr. Casa di Goethe pag. 83). Un'altra personalità di spicco era Mayer Amschel Rothschild (1743–1812), che, figlio di un cambiavalute, nacque nella Judengasse nella casa "Zum Roten Schild", dove la sua famiglia viveva dal 1567. Durante un apprendistato da banchiere ad Hannover prese contatti con il futuro principe elettore Wilhelm von Hessen-Kassel, di cui, nel 1806, salvò il patrimonio dalle truppe vincitrici di Napoleone. In qualità di banchiere di corte nel 1811 ottenne presso Karl von Dalberg la parificazione dei diritti civili degli ebrei. Il suo patrimonio, suddiviso tra cinque figli, costituì la base per fondare una banca mondiale.

Nel 1806 la formazione del *Rheinbund* (Lega del Reno), nel quale sedici principi tedeschi abbandonarono l'impero per sottomettersi a Napoleone, divenne l'occasione per Francesco II (incoronato nel 1792) per deporre la corona imperiale e dichiarare sciolto il Sacro Romano Impero. Con la fine del Sacro Romano Impero Francoforte perse la sua importanza politica come luogo di incoronazione degli imperatori.

In conseguenza delle guerre napoleoniche Francoforte divenne, tra il 1810 ed il 1815, un granducato e, secondo quanto disposto dagli occupanti francesi nel 1815, fu ordinato l'abbattimento delle fortificazioni. Solo poche delle originarie 60 e più torri furono conservate. D'altro canto la città, che aveva circa 41.000 abitanti, poté così svilupparsi in larghezza, processo fortemente regolato da uno statuto emesso nel 1809. Nacque allora, sotto la direzione di Sebastian Rinz (1782–1861), giardiniere capo della città, l'anello verde a forma di stella che ancora oggi caratterizza Francoforte. Gli ingressi alla città erano marcati da posti di guardia in stile neoclassico, dei quali si sono conservate solo le *Affentorhäuser* (Edifici della porta delle scimmie) a Sachsenhausen.

Dom 1866

Affentorhäuser (Affentorplatz),
Joh. Friedrich Christian Hess,
1810/11

Domberg 1628 (oben),
um 1930 (rechts oben) und
1946 (rechts)

*Cathedral Hill, 1628 (above),
c. 1930 (above right) and
1946 (right)*

Detalle de la ciudad vieja
1628 (arriba), en 1930 (arriba, dcha.), en 1946 (dcha.)

Il Domberg (collina del Duomo) 1628 (in alto), intorno al
1930 (in alto a destra), 1946
(a destra)

setzung durch Preußen 1866 sein vorläufiges
Ende.

Im Zuge der Industrialisierung vervierfachte sich
die Einwohnerzahl zwischen 1871 und dem 1.
Weltkrieg von 100 000 auf 400 000 Einwohner,
wozu auch die Eingemeindung zahlreicher Vor-
städte beitrug. In diesem Zeitraum entstanden
prächtige Hotels, Geschäfte, Kulturbauten und
Wohnungen im Stil des Historismus. Es entstand
unter anderem das Westend mit seinen Villen
mit Gärten. Selbst die Mietwohnungen dieser

By virtue of its central location, Frankfurt became an important transport hub, just as much
for shipping (the Winter Harbour was construc-
ted in 1860, the West Harbour in 1886 and the
East Harbour in 1907–12) as for rail and road
transportation. The main railway station,
opened in 1888, is the largest station in Germany. In addition to this, in 1914 the Johann
Wolfgang Goethe University was founded.

After the First World War, under the direction of
the city's chief building officer Ernst May

Zeit besitzen dekorative Fassadengestaltungen. Zur Deckung der kulturellen Bedürfnisse des gehobenen Bürgertums entstanden repräsentative Theater- und Museumsbauten, wie das Städelsche Kunstmuseum.

Frankfurt wurde aufgrund seiner zentralen Lage wichtiger Verkehrsknotenpunkt sowohl in der Schifffahrt (Anlage des Winterhafens 1860, des Westhafens 1886 und des Osthafens 1907–12) als auch im Eisenbahn- und Straßenverkehr. Der 1888 eröffnete Hauptbahnhof ist der größte Bahnhof Deutschlands. Darüber hinaus wurde 1914 die Johann-Wolfgang-Goethe-Universität gegründet.

Nach dem 1. Weltkrieg entstanden unter dem Stadtbaurat Ernst May (1886–1970, Amtszeit 1925–30) in Frankfurt modellhafte Wohnquartiere (in den Vororten) für den Massenwohnungsbau, in denen die zahllosen Arbeiter der Großindustrie untergebracht wurden. Für die kleinen Wohneinheiten entwickelte Grete Schütte-Lihotzky mit Ernst May die „Frankfurter Küche", die erste funktionale moderne Küche. In nur fünf Jahren entstanden 23 Siedlungen mit etwa 15 000 Wohnungen.

Mit der Wirtschaftskrise und der Machtübernahme der Nationalsozialisten kamen die vorbildlichen Maßnahmen zum Erliegen. Durch die Verfolgungen der Nationalsozialisten verließen

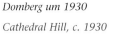

Domberg um 1930

Cathedral Hill, c. 1930

Detalle de la ciudad vieja en 1930

Il Domberg (collina del Duomo) intorno al 1930

(1886–1970, in office 1925–30) several model residential districts were built in the suburbs to create mass accommodation for the large industrial companies' countless workers. Together with Ernst May, Grete Schütte-Lihotzky developed for these small housing units the first functional modern kitchen, the so-called 'Frankfurter Küche' or Frankfurt kitchen. In just five years, 23 estates were built, with around 15,000 apartments.

The model developments were brought to a halt by the economic crisis and the takeover of power by the National Socialists. Persecution by the latter led the majority of the intelligentsia to leave the country. The Jewish population was wiped out and its legacy destroyed. One of the city's best-known former Jewish citizens is Anne Frank, born in 1929 at 29 Ganghoferstrasse, deported to Amsterdam in 1945 and murdered in a concentration camp.

During World War II, the city was the target of many air raids. In the night of 22nd–23rd March 1944, the old town was almost entirely destroyed.

Reconstruction began in 1945, but due to the desperate need for housing was often carried out with a lack of quality. Although the routes taken by most of the roads in the city centre were retained, they were nevertheless broadened in response to demands for a 'car-friendly' city. Skyscrapers also began to be built on the scale of major American cities, and in Helmut Jahn's Messeturm (Exhibition Centre Tower), built from 1988–91, Frankfurt boasts one of the most striking skyscrapers in the world.

In the course of renewed appreciation in the 1970s of historic urban design and architecture, restoration work began, initially in the centre of the district of Frankfurt-Höchst and on other half-timbered buildings. In the process, one of Germany's oldest half-timbered buildings was discovered in Sachsenhausen. In 1981–83, six buildings were reconstructed around the town hall, the Römer, with modern peaked gable buildings erected directly next to these, drawing on the tradition of the city's historic architecture. In 1981, work also began on creating the 'Museum Bank' along the River Main in Sachsenhausen.

Además se comenzó con la construcción de rascacielos casi a escala de las grandes ciudades americanas. Con la Torre de la Feria de Helmut Jahn (1988/91) Frankfurt vino a tener uno de los rascacielos más característicos del mundo.

La sensibilización frente al valor de los conjuntos históricos favoreció en los años '70 la restitución y el restauro de monumentos, primero en el centro de Höchst y luego ampliándose a otras construcciones entramadas. En esa ocasión los restauradores se toparon en Sachsenhausen con unas de las más antiguas casas entramadas de Alemania. Se reconstruyeron seis casas en el Römer (1981/83) y en su vecindad inmediata se erigieron varias casas modernas con agudos piñones, forma que retoma la tradición edilicia histórica. Al mismo tiempo se empezaba con la concreción de la "Orilla de los museos" junto al Meno, en Sachsenhausen.

Tra il 1816 ed il 1866, dopo le guerre napoleoniche, Francoforte fu la sede della prima camera dei deputati tedesca (*Bundestag*). Nel 1848/49 il primo parlamento tedesco si riunì nella Paulskirche. Per questo motivo la città ha un particolare valore simbolico per la democrazia ed il parlamentarismo in Germania. Il *Bundestag* (la camera) fu sciolto nel 1866 a seguito dell'invasione da parte della Prussia.

Nel corso dell'industrializzazione il numero di abitanti si quadruplicò passando, tra il 1871 e la prima guerra mondiale, da 100.000 a 400.000 unità, processo al quale contribuì anche l'annessione al territorio comunale di numerosi suburbi. In questo periodo sorsero lussuosi hotel, negozi, edifici culturali e abitazioni in stile storicistico. Tra l'altro fu edificato il cosiddetto *Westend*, la parte occidentale della città, caratterizzata da ville con giardini. Anche le case da appartamenti costruite in quest'epoca hanno facciate decorate. Per soddisfare il fabbisogno

Frankfurter Altstadt 1946

Frankfurt's old town, 1946

El área de la ciudad vieja en 1946

Il centro storico di Francoforte, 1946

große Teile der geistigen Elite das Land. Die jüdische Bevölkerung und ihr Erbe wurden vernichtet. Zu den bekanntesten jüdischen Bürgern gehört Anne Frank, 1929 in der Ganghoferstr. 29 geboren und 1945 aus Amsterdam verschleppt und im Konzentrationslager ermordet.

Während des 2. Weltkriegs war die Stadt das Ziel von Bombenangriffen. In der Nacht vom 22. auf den 23. März 1944 wurde die Altstadt fast vollständig zerstört.

1945 begann der Wiederaufbau, der aufgrund der Wohnungsnot oft unter Qualitätsverlust ausgeführt wurde. Die meisten Straßenführungen der Innenstadt blieben zwar bestehen, wurden jedoch – entsprechend der Forderung nach einer „autogerechten" Stadt – verbreitert. Darüber hinaus begann man mit einer Hochhausbebauung im Maßstab amerikanischer Großstädte. Mit Helmut Jahns Messeturm (1988–91) besitzt Frankfurt eines der markantesten Hochhäuser der Welt.

Im Zuge der Rückbesinnung auf historische Stadtgestaltungen und Bauformen in den 1970er-Jahren begann die denkmalpflegerische Instandsetzung zunächst der Innenstadt von Frankfurt-Höchst und anderer Fachwerkhäuser. Dabei entdeckte man einen der ältesten Fachwerkbauten Deutschlands in Sachsenhausen. Darüber hinaus rekonstruierte man 1981–83 sechs Häuser am Römer und errichtete im unmittelbaren Anschluss daran moderne Spitzgiebelhäuser, die die Tradition einer historischen Stadtbebauung aufgriffen. Gleichfalls begann man 1981 mit der Umsetzung des „Museumsufers" am Main in Sachsenhausen. Seit 2010 werden um den Dom Häuser der historischen Altstadt rekonstruiert.

culturale dell'alta borghesia sorsero teatri e musei di rappresentanza come lo *Städelsche Kunstmuseum* (museo d'arte). A causa della sua posizione strategica Francoforte divenne un punto nodale del sistema dei trasporti sia per la navigazione (costruzione del porto invernale -Winterhafen- nel 1860, del porto occidentale -Westhafen- nel 1886 e del porto orientale -Osthafen- nel 1907–12), che per il traffico ferroviario e stradale. La stazione centrale, inaugurata nel 1888, è la più grande della Germania. Nel 1914, inoltre, fu fondata la Johann-Wolfgang-Goethe-Universität.

Dopo la prima guerra mondiale sorsero nelle periferie di Francoforte, sotto la direzione dello *Stadtbaurat* (Consigliere cittadino all'edilizia) Ernst May (1886–1970, in carica tra il 1925 ed il 1930) alcuni quartieri residenziali modello nei quali furono alloggiati gli operai delle grandi industrie. Per le piccole unità abitative Grete Schütte-Lihotzky sviluppò, con Ernst May, la "cucina di Francoforte", la prima cucina moderna e funzionale. In soli cinque anni sorsero 23 insediamenti con circa 15.000 appartamenti.

Con la crisi economica e la presa del potere da parte dei nazisti, queste iniziative esemplari furono messe da parte. A seguito delle persecuzioni naziste una larga parte della élite culturale abbandonò il paese. La popolazione ebraica e la sua tradizione furono sterminate. Tra i più famosi cittadini ebrei vi era Anne Frank, nata nel 1929 nella Ganghoferstr. 29 e

deportata da Amsterdam nel 1945, per essere assassinata in un campo di concentramento. Durante la seconda guerra mondiale la città fu pesantemente bombardata e nella notte tra il 22 ed il 23 Marzo 1944 il centro storico venne quasi completamente distrutto.

Nel 1945 cominciò la ricostruzione che, a causa della drammatica carenza di alloggi, fu spesso condotta con standard qualitativi bassi. Nel centro cittadino il tracciato originario delle strade venne, di norma, mantenuto ma, per garantire la nascita di una città "a misura di automobile", esse vennero allargate.

Si cominciò, inoltre, la costruzione sistematica di grattacieli sul modello delle metropoli americane. Con la torre della fiera di Helmut Jahn (1988–91) Francoforte possiede uno dei più rimarchevoli grattacieli del mondo.

Nell'ambito del processo di presa di coscienza e riappropriazione delle strutture urbane ed architettoniche storiche degli anni Settanta, si avviò la ristrutturazione, condotta con criteri di tutela storico-artistici, del centro di Frankfurt-Höchst e di altre *Fachwerkhäuser*. Si scoprì così a Sachsenhausen il più antico edificio di questo tipo conservatosi in Germania. Nel 1981–83 furono ricostruite presso il Römer sei case e, ad esse adiacenti, vennero eretti degli edifici moderni che riecheggiano, con le forme generali della facciata, lo stile dell'edilizia cittadina tradizionale. Sempre nel 1981 si cominciò la realizzazione del "Museumsufer" (la "riva dei musei") sul Meno a Sachsenhausen.

Frankfurt-Skyline (Foto: Thomas Wolf)

links: Europäische Zentralbank, 143 m hohes Gebäude von Richard Heil und Johannes Krahn, 1977, seit 1994 Sitz der Europäischen Zentralbank
left: European Central Bank, 143 metres high building, built by Richard Heil and Johannes Krahn in 1977, domicile of the European Central Bank since 1994
izq.: Banco Central Europeo, edificio de 143 m de altura de Richard Heil y Johannes Krahn, 1977, desde 1994, sede del Banco Central Europeo
a sinistra: Banca Centrale Europea, edificio alto 143 m di Richard Heil e Johannes Krahn, 1977, dal 1994 sede della Banca Centrale Europea

Bronzefiguren „Bulle und Bär", 1985, und Börse, 1874–79
Bronze 'Bull and Bear', 1985, and Stock Exchange, 1874–79
Figuras de bronce "Toro y oso", 1985, y Bolsa, 1874/79
Figura bronzea "Toro e Orso", 1985, e Borsa, 1874–79

RÖMERBERG

Frankfurt gehört zu den im 2. Weltkrieg am schwersten zerstörten Städten. Die historische Altstadt wurde, abgesehen von wenigen Steinfassaden, vollständig vernichtet. Nur wenige herausragende Bauwerke baute man unmittelbar

Frankfurt was one of the most severely destroyed cities in the Second World War. Apart from a few stone façades, the old town was almost entirely razed to the ground, and only a few of the most notable buildings were rebuilt immediately after the war. However, thanks to the city's largely retained historical layout, a good picture of the multi-layered history of its architectural development can still be achieved today. This has been helped by projects such as the recreation of the **Ostzeile am Römerberg** (East Row on Römerberg Square) in 1980–83, even though the reconstruction of the original buildings, which had been slate-clad since around 1700, is not always authentic.

The town houses along **Saalgasse** (Hall Lane), which links Römerberg Square and the cathedral, also tie in structurally to the historic architecture of the city. The buildings, several storeys high and often gabled, were built on small parcels of land from 1981–86. They were designed by a number of renowned international architects. No. 6, for instance, by Meinhard von Gerkan & Volkwin Marg (Hamburg), no. 10 by Christoph Mäckler (Frankfurt) and no. 24 by Jochem Jour-

Justitiabrunnen auf dem Römerberg, Sandsteinbrüstung 1542 und 1887, Brunnenstock und -statue von 1887 mit der Darstellung der Justitia mit Waage und Schwert, jedoch ohne verbundene Augen, von Bildhauer Friedrich Schierholz, geschmiedetes Gitter von Alexander Linnemann, 1887

Fountain of Justice on Römerberg Square. Sandstone balustrade 1542 and 1887. Fountain column and statue from 1887, depicting Justitia with sword and scales, but not blindfold, sculpted by Friedrich Schierholz. Wrought-iron latticework by Alexander Linnemann, 1887.

Fuente de la Justicia sobre la Plaza del Römer, antepecho de arenisca roja 1542 y 1887, Pila y estatua de 1887 con la representación de la Justicia con su balanza y espada, pero sin los ojos vendados, obra del escultor Friedrich Schierholz; reja de hierro forjado por Alexander Linnemann, 1887

Fontana della Giustizia sul Römerberg, parapetto in arenaria del 1542 e del 1887, fontana e statua del 1887 con rappresentazione della Giustizia con bilancia e spada ma senza occhi bendati, opera dello scultore Friedrich Schierholz, inferriata in ferro battuto di Alexander Linnemann, 1887

Francfort peretenece al grupo de ciudades más fuertemente destruídas en la Segunda Guerra Mundial. Salvo pocas fachadas de piedra, el casco histórico fue casi totalmente destruido. La conservación de parte de la trama urbana permite sin embargo hacerse una idea de la compleja historia del lugar. A ello contribuye la reconstrucción de la **Fila de Casa al este de la Plaza del Römer**, realizada de 1980 a 1983, si bien ésta resulta criticable desde el punto de vista de la conservación de monumentos, ya que las casas entramadas originales estaban ya en el 1700 recubiertas de pizarra y en parte no pudieron reconstruirse con mayor fidelidad a sus modelos.

Las casas modernas de la **Saalgasse**, que une el Römerberg a la catedral, retoman el estrecho parcelamiento de la edificación histórica.

Francoforte fu una delle città più distrutte durante la seconda guerra mondiale. Il centro storico fu raso al suolo ad eccezione di alcune facciate in pietra. Solo alcuni degli edifici più significativi furono ricostruiti immediatamente dopo la guerra. Grazie al mantenimento della struttura urbana storica è comunque ancora oggi possibile leggere la storia pluristratificata che caratterizza la città. A ciò ha contribuito anche la ricostruzione della **parte orientale del Römerberg** effettuata nel 1980–83, anche se non si tratta di una copia fedele degli edifici originari (dal 1700 ca. coperti con lastre di ardesia), ed anche se l'operazione, dal punto di vista della teoria del Restauro e della Conservazione, risulta piuttosto problematica.

Anche gli edifici lungo la **Saalgasse**, che collega il Römerberg con il Duomo, si riallacciano, nel-

Römer, Fassade zum Römerberg, 13.–15. Jahrhundert, 1896/97

Römer, façade onto the Römerberg, 13th–15th century, and 1896/97

Römer, Fachada sobre la plaza, siglos XIII al XV, 1896/9

Römer, facciata verso il Römerberg, XIII–XV secolo, 1896/977

nach dem Krieg wieder auf. Durch die weitestgehende Beibehaltung des historischen Grundrisses lässt sich jedoch die vielschichtige Stadtbaugeschichte bis heute nachvollziehen. Dazu beigetragen hat unter anderem der Nachbau der **Ostzeile am Römerberg** in den Jahren 1980–83, wenngleich die Rekonstruktion der seit etwa 1700 verschieferten Originalbauten nicht immer authentisch und aus denkmalpflegerischen Gesichtspunkten zudem problematisch ist.

Auch die Stadthäuser entlang der **Saalgasse**, die den Römerberg mit dem Dom verbindet, knüpfen in ihrer Struktur an die historische Stadtbebauung an. Die mehrgeschossigen, häufig giebelständigen, 1981–86 erbauten Häuser auf schmalen Parzellen wurden von renommierten internationalen Architekten entworfen, wie z. B. Nr. 6 von Meinhard von Gerkan & Volkwin Marg (Hamburg), Nr. 10 von Christoph Mäckler (Frankfurt) und Nr. 24 von Jochem Jourdan (Kassel/Darmstadt). Dabei war der Abwechslungsreichtum, der sich innerhalb eines historischen Stadtzentrums vor allem durch seine gewachsene Struktur ergibt, ein Gestaltungsprinzip, das durch die Auftragsvergabe an unterschiedliche Architekten einfacher realisierbar war. Voraus

dan (Kassel/Darmstadt). A key principle of design in this project was the rich variety that is produced within an historic city centre largely from the way its structures evolve. Achieving this was made easier by giving commissions to different architects. This was preceded by an international competition for the flattened expanse between the cathedral and the Römer (Town Hall).

The square in front of the town hall, the so-called Römer, is **Römerberg** (Roman Hill). It forms the heart of the city and was formerly the venue for spectacular events such as mystery plays, jousting tournaments (from around 1350), the election of kings and subsequent celebrations, and numerous trade fairs. This tradition is continued today with the Christmas market and the receptions given for sports stars after achieving great success, such as the German football team after they won the World Cup in 1990.

RÖMER

Concealed behind the collection of what was originally eleven Patrician houses lies the 'Römer' – Frankfurt's town hall. The name ('Roman') originates from that of the middle of the three houses with stepped gable façades facing

Römerberg, 1935, 1947, 1959
(Foto: Günter Zint)

Estas casas de piñón y varios pisos, construidas entre 1981 y 1986 fueron diseñadas por arquitectos de renombre internacional, por ejemplo la n° 6 por Meinhard von Gerkan & Volkwin Marg (Hamburgo), la n° 10 por Christoph Mäckler (Francfort) y la n° 24 por Jochem Jourdan (Kassel/Darmstadt). La diversidad de diseños, que en una ciudad histórica se da por el crecimiento natural, fue aquí reemplazada por los diferentes estilos de los distintos arquitectos. El antecedente fue un concurso internacional para el diseño del área vacía entre la catedral y el Römer, que después de la guerra había sido literalmente aplanada.

El corazón de la ciudad es **la Colina del Römer**, nombre con que se conoce a la plaza del ayuntamiento. Aquí siempre hubo grandes espectáculos, tales como representaciones teatrales de los Misterios medievales, torneos caballerescos (a partir de 1350), la fiesta de la Elección imperial y ferias comerciales. La tradición continúa hoy con el Mercado navideño y el recibimiento masivo de deportistas luego de grandes éxitos, tales como el triunfo alemán en el Mundial de Fútbol de 1990.

Römerberg, Ostzeile mit historisch nachempfundenen Fachwerkhäusern, 1981–84, und Nikolaikirche
Römerberg, Ostzeile with half-timbered buildings, reproduced in historic style 1981–84, and the Nikolaikirche
Plaza del Römer, fila de casas del lado este, con casas entramadas inspiradas en sus predecesoras, 1981/84, e iglesia de San Nicolás
Römerberg, lato orientale con Fachwerkhäuser costruite tra il 1981 ed il 1984 ispirandosi a modelli storici, Chiesa di S. Nicola

Justitiabrunnen, Fountain of Justice, *Fuente de la Justicia, Fontana della Giustizia*

Friedrich I. (Barbarossa), Gemälde von Carl Friedrich Lessing, 1840, Römer, Kaisersaal

rechts: Römerhöfchen
S. 39: Kaisersaal im Römer
right: The Römerhöfchen
p. 39: Kaisersaal in the Römer
dcha.: el patiecillo del Römer (Römerhöfchen)
p. 39: Sala de los Emperadores en el Römer
a destra: Römerhöfchen
p. 39: Sala imperiale nel Römer

ging ein internationaler Wettbewerb für die nach den Kriegszerstörungen planierte Fläche zwischen Dom und Römer.

Der **Römerberg**, so der Name des Platzes vor dem Rathaus, dem sog. Römer, bildet das Herz der Stadt. Hier fanden die spektakulären Ereignisse – Mysterienspiele, Ritterturniere (seit etwa 1350), die Königswahl und -feiern sowie die Handelsmessen – statt. Diese Tradition wird heute fortgesetzt durch den Weihnachtsmarkt und den Empfang von Sportlern nach großen Erfolgen, wie die Fußball-Nationalmannschaft 1990 nach dem Gewinn der Weltmeisterschaft.

RÖMER

Hinter der Ansammlung von ursprünglich elf Patrizierhäusern verbirgt sich der „Römer" – das Rathaus der Stadt. Der Name stammt vom Hausnamen des mittleren der drei Stadthäuser mit Treppengiebeln zum Römerberg. Hier waren während der Messen römische Kaufleute untergebracht worden. Das ursprüngliche Rathaus, das vor 1288 an der Stelle des späteren Domturms errichtet worden war, konnte die repräsentativen Ansprüche als Sitz der Stadtverwaltung, der Reichstage und der Königswahl sowie als Kaufhaus zur Messezeit nicht mehr erfüllen. Deshalb erwarb die Stadt 1405 das städtebaulich günstig am wichtigsten Platz gelegene Haus „Römer" mit dem dahinter liegenden Haus „Goldener Schwan". In beide Bauten wurden bis 1408 eine zweischiffige Halle im Erdgeschoss und ein Saal im Obergeschoss eingebaut. Das Haus Löwenstein rechts erwarb die Stadt 1596, das Haus Laderam (Alt-Limpurg) links des Hauses Römer erst 1878. Beide Gebäude waren gotische Giebelhäuser und erhielten 1896–97 zusammen mit dem Mittelbau durch Max Meckel eine einheitliche Fassadengestaltung mit dekorativer spätgotischer Ornamentik. Die Balkonbrüstung ist der Alten Nikolaikirche, die Balkonwölbung dem Salvatorchörlein von St. Leonhard entlehnt. Unterhalb des Giebeladlers von Stadt und Reich sind vier Kaiserfiguren aufgestellt: Friedrich I. Barbarossa (1152 in Frankfurt zum König gewählt), Ludwig der Bayer (1330 Verleihung des Privilegs einer zweiten Jahresmesse an Frankfurt und 1333 einer größeren Stadtmauer), Karl IV.

the Römerberg, where Roman merchants used to be put up during fairs on the square. The original town hall, which had been built prior to 1288 on the site later to be used for the cathedral tower, was no longer able to serve adequately as a prestigious seat of civic administration, a venue for imperial assemblies and royal elections and a trading house at fair times. In 1405, the city therefore acquired the 'Römer', the building with the best location in Frankfurt, and the house behind it, the 'Goldener Schwan' (Golden Swan). In 1408, a ground-floor double aisled hall and a first-floor banquet room were incorporated into the two buildings. In 1596, the city purchased 'Löwenstein', the house to the right of the Römer, and in 1878 the house to its left, 'Laderam' (also called Alt-Limpurg). Both buildings were Gothic gabled houses and in 1896–7 were given, along with the middle building, a uniform façade by Max Meckel, incorporating decorative late Gothic ornamental work. The balcony balustrade borrows its design from the Alte Nikolaikirche (Old Church of St. Nicholas) while the balcony vault-

EL RÖMER

El Römer o ayuntamiento surgió de un conglomerado inicial de once casas patricias. El nombre ser remonta al de la casa de piedra central de las tres dotadas de piñones escalonados. En las ferias se alojaban allí comerciantes romanos. El primer ayuntamiento, que estaba situado ya antes de 1288 en el lugar donde hoy se levanta la torre de la catedral, no respondía ya a las necesidades de representación como sede de la administración comunal, y tampoco servía de marco suficientemente digno a las Dietas imperiales, las elecciones y la función de lonja durante época de ferias. Por esa razón el Consejo compró en 1405 la casa Römer junto con la propiedad trasera, la casa "El Cisne de Oro". En ambas se construyó en 1408 un Hall de nave dupla en planta baja y un gran salón sobre éste. La casa Löwenstein a su derecha fue comprada por la ciudad en 1596, la casa Laderam (o Alt-Limpurg) a la izquierda recién en1878. Ambos edificios eran casas góticas de piñón escalonado, que fueron unificadas con la construcción central en 1896/97 por Max Meckel, quien proyec-

la loro struttura, alla tradizione edilizia cittadina. Le costruzioni su più piani insistono su strette parcelle e sono state realizzate nel 1981–86 su progetto di architetti di fama internazionale: il n° 6 da Meinhard von Gerkan & Volkwin Marg (Amburgo), il n° 10 da Christoph Mäckler (Francoforte), il n° 24 da Jochem Jourdan (Kassel/Darmstadt). Nell'affidare l'incarico a diversi architetti l'intenzione era quella di favorire una pluralità degli interventi che rieccheggiasse la diversificazione che si crea naturalmente in un centro storico, una compagine formatasi e cresciuta per secoli. Il tutto fu preceduto da un concorso internazionale per la riprogettazione della zona tra Duomo e Römer, ridotta a tabula rasa dai bombardamenti.

Il Römerberg, questo il nome della piazza prospiciente il municipio (il cosiddetto Römer) forma il cuore della città. Qui avevano luogo gli spettacoli, le processioni religiose, i tornei di cavalieri (a partire dal 1350 ca.), l'elezione del re e le feste reali nonché le fiere. Questa tradizione è oggi perpetuata dal mercato di Natale e dalle feste in onore di sportivi dopo grandi successi come, ad esempio, la squadra nazionale di calcio in seguito alla vittoria della coppa del mondo nel 1990.

Weihnachtsmarkt auf dem Römer/Christmas market on the Römer/Mercado navideño sobre el Römer/Mercatino di Natale sul Römer **(Foto: Holger Ullmann)**

(1356 Bestimmung Frankfurts zum Wahlort der Könige) und Maximilian II. (1562 als erster im Frankfurter Dom zum Kaiser gekrönt).

Im Obergeschoss des Mittelbaus befindet sich der rekonstruierte **Kaisersaal**, der zwischen 1842 und 1853 mit den Bildnissen deutscher Kaiser ausgestattet wurde. Die Gemälde stammen von seinerzeit hochangesehenen Malern, wie z. B. Edward von Steinle, Philipp Veit, Karl Friedrich Lessing und Alfred Rethel.

An die mittelalterlichen Römerbauten erfolgte 1902–08 eine umfassende Erweiterung im Stil der deutschen Renaissance nach Plänen von Franz von Hoven und Ludwig Neher.

NIKOLAIKIRCHE

Zum Main begrenzt die Nikolaikirche den Römerberg – ein spätgotischer, rot gefasster, repräsentativer Sakralbau mit hohem Oktogonalturm, hohem zweigeschossigem Langhaus mit Walmdach, Ecktürmchen und Maßwerkbrüstung. Der Ursprungsbau dürfte um 1150 als Hofkapelle des einst königlichen Saalhofs (heute Historisches Museum) erbaut und um 1250 sowie um 1290 erweitert worden sein. Aus der zweiten Umbauphase stammen die zwei Turmuntergeschosse, aus der dritten der Unterbau des Langhauses mit den Portalen und des Chores. Um 1440/50 begann der Umbau zur Ratskirche in seiner heutigen Gestalt. Eberhard Friedberger stockte 1459 ein drittes Turmobergeschoss auf. Die Dachgalerie wurde 1467 nach Plänen von Bartholomäus von Schopfheim durch Hans von Lich errichtet. Im Innern befinden sich zwei Grabplatten aus der Zeit um 1380 und um 1415.

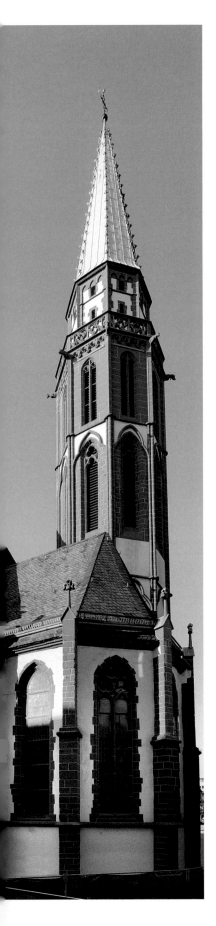

Nikolaikirche, ab 1200, 1458–67
St. Nichola's church, from 1200, 1458–67
Iglesia de San Nicolás, a partir de 1200, 1458–67
Chiesa di S. Nicola, a partire dal 1200, 1458–67

ing draws on the small Salvator choir of St. Leonard's. Standing in a row beneath the eagles of city and empire are the statues of four emperors: Frederick I, also known as Barbarossa, who was elected king in Frankfurt in 1152; Ludwig der Bayer (Lewis the Bavarian), who granted Frankfurt privileges in 1330 for a second annual fair and in 1333 for a larger city wall; Karl IV (Charles IV), who in 1356 decreed that kings should be elected in Frankfurt; and Maximilian II, who in 1562 became the first emperor to be crowned in Frankfurt Cathedral.

On the first floor of the central building is the reconstructed Kaisersaal (Imperial Hall), around the walls of which portraits of German emperors were painted between 1842 and 1853 by highly acclaimed artists of their time, such as B. Edward von Steinle, Philipp Veit, Karl Friedrich Lessing and Alfred Rethel.

In 1902–08, a major extension was added to the Römer's medieval buildings. This was built in the style of the German Renaissance to plans by Franz von Hoven and Ludwig Neher.

ST. NICHOLA'S CHURCH

Römerberg Square is bordered towards the River Main by the Nikolaikirche (St. Nicholas's Church), a late Gothic, imposing building. It has a tall octagonal tower, a nave two floors high with a mansard roof, corner turrets and tracery balustrades.

The original building is thought to have been built around 1150 as the court chapel of the once royal Saalhof (now the Historisches Museum, i.e. Museum of Local History). It is also believed to have been extended around 1250 and again around 1290. The two floors beneath the tower stem from the second phase of conversion work, the crypt of the nave with its portals and of the choir to the third. Conversion of the Nikolaikirche into the town council church in its current form began around 1440/50. Eberhard Friedberger added a third floor to the tower in 1459, and the roof gallery was built by Hans von Lich in 1467 to plans by Bartholomäus von Schopfheim. Two gravestones in the church date from c. 1380 and 1415.

tó la decoración neo-tardogótica hasta hoy conservada. El antepecho del balcón está inspirado en la vieja iglesia de San Nicolás, la bóveda de la balconada se inspira en el salidizo del Salvador de la iglesia de San Leonardo. Debajo del piñón con el águila de la ciudad y del Imperio hay cuatro figuras de emperador: Federico I° Barbarroja (elegido rey en Francfort en 1152), Luis el Bávaro (quien otorgó en 1330 el privilegio de celebración de una segunda feria anual en la ciudad y otro tres años más tarde de construcción de una cinta mayor de murallas defensivas), Carlos IV° (quien en 1356 declaró a Francfort como sitio oficial de elección imperial) y Maximiliano II (primer emperador coronado en la catedral, en 1562).

En el primer piso de la casa central se encuentra la reconstruída **Sala de los Emperadores**, que entre 1842 y 1853 fue provista de la galería de retratos de los emperadores alemanes. Los cuadros fueron realizados por pintores que gozaban de gran prestigio en su época, como Ewald von Steinle, Philipp Veit, Karl Friedrich Lessing y Alfred Rethel.

Anexo a los edificios medievales del Römer se hizo entre 1902 y 1908 una ampliación del ayuntamiento en estilo renacentista alemán, que estuvo a cargo de Franz von Hoven y Ludwig Neher.

IGLESIA DE SAN NICOLÁS

Hacia el Meno, la iglesia de San Nicolás marca el límite de la Plaza del Römer. Se trata de un edificio pétreo del tardogótico, revocado y pintado de blanco con rebordes rojos, una delgada y alta torre octogonal, garitas esquineras y antepecho de tracería, coronado por un alto tejado de copete. El edificio primitivo debe haber sido la capilla de corte del 1150, correspondiente a la Corte real (hoy Museo histórico), refaccionado en 1250 y 1290. De la segunda refacción datan los pisos inferiores de la torre, de la tercera la parte baja de los muros perimetrales con las portadas y el ábside. Hacia 1440/50 comenzó la transformación como capilla del Consejo comunal, que dejó a la iglesia en su aspecto actual. Eberhard Friedberger prosiguió la torre en 1459. La galería de antepecho fue realizada en 1467 por Hans von Lich según trazas de Bartholomäus von Schopfheim. En el interior se encuentran dos lápidas sepulcrales de 1380 y 1415.

RÖMER

Dietro alla fusione di quelle che in origine erano undici case patrizie, si cela il "Römer" – il palazzo municipale. Il nome deriva da quello dell'edificio centrale tra quelli con facciata a gradoni affacciati sul Römerberg. Qui soggiornavano, durante le fiere, mercanti romani. Il municipio originario, che era stato edificato prima del 1288 nel luogo ove sarebbe poi sorta la torre del duomo, non poteva più svolgere le funzioni di rappresentanza come sede dell'amministrazione cittadina, delle diete e delle elezioni reali, nonché di luogo di commercio durante le fiere. Per questo la città, nel 1405, acquistò la casa "Römer", situata sulla piazza principale, e l'edificio retrostante "Goldener Schwan" (Cigno d'oro). All'interno di queste due costruzioni furono edificate, entro il 1408, un'aula a due navate al piano terreno e una sala al primo piano. La casa Löwenstein, a destra, fu acquistata dalla città nel 1596, la casa Laderam (Alt-Limpurg), a sinistra della casa Römer, solo nel 1878. Tali edifici presentavano facciate gotiche e, nel 1896–97, furono unificate ad opera di Max Meckel dietro una facciata comune dalla decorazione tardogotica. Il parapetto del balcone e la volta sono presi a prestito, rispettivamente, dalla vecchia Nikolaikirche, e dal Salvatorchörlein (Piccolo Coro del Salvatore) di St. Leonhard. Sotto l'aquila (simbolo della città e dell'impero) che caratterizza il timpano si scorgono quattro immagini di imperatori: Federico I. Barbarossa (eletto re a Francoforte nel 1152), Ludwig der Bayer (nel 1330 concesse a Francoforte il privilegio di tenere una seconda fiera annuale e, nel 1333, di costruire una cinta muraria più ampia), Carlo IV (nel 1356 decretò che Francoforte divenisse il luogo deputato per l'elezione dei re) e Massimiliano II (il primo, nel 1562, ad essere incoronato imperatore nel Duomo di Francoforte).

Al piano superiore dell'edificio centrale si trova la ricostruzione della **Kaisersaal (sala imperiale)**, nella quale, tra il 1842 ed il 1853, sono stati collocati ritratti di imperatori tedeschi. I dipinti sono da attribuirsi a pittori molto rinomati dell'epoca come Edward von Steinle, Philipp Veit, Karl Friedrich Lessing e Alfred Rethel.

Nel 1902–08 gli edifici medievali del Römer furono ampliati nello stile del Rinascimento tedesco su progetto di Franz von Hoven e Ludwig Neher.

CHIESA DI S. NICOLA

Il Römerberg è limitato, verso il Meno, dalla Nikolaikirche, imponente edificio ecclesiastico tardo gotico dalla facciata rossa, caratterizzato da un'alta torre ottagonale, una navata su due piani con tetto a mansarda, torrette angolari e un parapetto triforato. L'edificio originario era la cappella di corte dell'allora Saalhof (oggi Historisches Museum) e fu costruita, probabilmente, nel 1150, con ampliamenti avvenuti intorno al 1250 ed il 1290. I piani inferiori delle torri risalgono alla seconda fase costruttiva, mentre alla terza vanno ricondotte la parte inferiore del coro e della navata con i portali. Intorno al 1440/50 cominciò la trasformazione in *Ratskirche* (Chiesa del Consiglio Comunale) che le conferì l'aspetto attuale. Nel 1459 Eberhard Friedberger innalzò ulteriormente le torri di un piano. La parte sommitale delle murature d'ambito che, in parte, scherma il tetto alla vista, fu realizzata nel 1567 da Hans von Lich su disegno di Bartholomäus von Schopfheim. All'interno si trovano due lastre tombali databili, rispettivamente, intorno al 1380 e al 1415.

Nikolaikirche, ab 1200, 1458–67
St. Nichola's church, from 1200, 1458–67
Iglesia de San Nicolás, a partir de 1200, 1458–67
Chiesa di S. Nicola, a partire dal 1200, 1458–67

STEINERNES HAUS

Unweit des Römerbergs steht in Richtung Dom das Steinerne Haus (heute Frankfurter Kunstverein), das 1464 in Anlehnung an das Leinwandhaus (siehe S. 60) für den Kölner Kaufmann Johann von Melem als Wohn-, Lager- und Geschäftshaus errichtet und nach Kriegszerstörungen 1960 im Äußeren in alter Form wieder aufgebaut wurde. Das markante, wehrhaft wirkende Gebäude besitzt – in Anlehnung an befestigte Wohntürme des Adels – einen umlaufenden Zinnenkranz mit Ecktürmchen. Das reiche Netzgewölbe des Erdgeschosses ist im hinteren Bereich noch erhalten. In den Bauformen äußert sich der hohe gesellschaftliche Anspruch des Bauherren.

Standing not far from Römerberg Square in the direction of the cathedral is the Steinernes Haus or 'Stone House' (today the Frankfurter Kunstverein, Frankfurt Art Society). It was built in 1464 in the style of the Leinwandhaus (see p. 60) as a home, store and business premises for the merchant Johann von Melem, from Cologne. Having been badly damaged in the War, it was rebuilt in 1960, retaining its old outer form. The imposing building has a well-defended look and is topped off by a crenellated ring and turrets, following the style of the nobility's fortified tower homes. The rear section of the ground floor's rich reticulated vaulting is still intact, and von Melem's high social standing is clearly expressed in the building's overall architectural style.

Junto a la Plaza del Römer se encuentra en dirección a la catedral la Casa de Piedra (Steinernes Haus, hoy Kunstverein), construida en 1464 a imitación de la Casa de los Pañeros (Leinwandhaus, ver pág. 60) para el comerciante colonés Johann von Melem. El edificio era vivienda, depósito y casa comercial, y se reconstruyó exteriormente en 1960. Tiene aspecto aguerrido, en recuerdo de las torres de habitación fortificadas de la nobleza, con garitas esquineras y almenas. La rica boveda reticulada originaria se conserva todavía en la parte trasera de planta baja. En las formas arquitectónicas se trasluce el alto nivel de pretensiones de su comitente.

Non lontano dal Römerberg in direzione del Duomo sorge la Steinernes Haus (oggi sede dell'Associazione Artistica di Francoforte). Costruita nel 1464 per il commerciante di Colonia Johann von Melem, ispirandosi alla Leinwandhaus (cfr. pag. 60), serviva da magazzino, edificio abitativo e commerciale. Nel 1960, dopo essere stata distrutta durante la guerra, venne ricostruita ricalcando, nella forma esterna, la costruzione originaria. Questo interessante edificio, dall'aspetto fortificato, è caratterizzato (sul modello delle case torri della nobiltà) da una merlatura e da torri angolari. La ricca volta a costoloni del piano terreno si è conservata nella parte posteriore dell'edificio. Le forme architettoniche rispecchiano l'elevato rango sociale del committente.

ARCHÄOLOGISCHER GARTEN

Zwischen Kulturschirn und Dom erstreckt sich der Archäologische Garten mit den Ausgrabungsbefunden des römischen Militärlagers (spätestens um 75/85 n. Chr. angelegt), von dem sich Keller der Badehäuser mit Schwitzbad und Heizung erhalten haben, und der mittelalterlichen Pfalz. Ergraben ist die 26,5 x 12,2 m große, wohl zweischiffige „Königshalle" mit Vorbau und Eingangshalle sowie drei bis vier größeren Räumen, bei denen es sich wahrscheinlich um die königlichen Wohngemächer handelt. Ein Gang verband das Pfalzgebäude mit der Pfalzkapelle. Die ergrabenen Gebäude gehören vermutlich zu der von Ludwig dem Frommen bis 822 neu errichteten Anlage.

The 'Archäologischer Garten' runs between the 'Schirn' art gallery and the cathedral, showing excavations of the Roman military camp (set up not later than c. 75–85AD), from which the cellars of the Roman baths, including a sweat bath and heating system have survived, and of the medieval palace. The excavated section includes the 'Königshalle' (King's Hall), measuring 26.5 x 12.2m. A porch and entrance hall have also been excavated, along with three or four larger rooms, which were probably the royal living quarters. A passageway joined the main palace building with the palace chapel. The excavated buildings are thought to belong to the new complex built in the period from 822 by Louis the Pious.

Saalgasse, Stadthäuser, 1984
Saalgasse, Townhouses, 1984
Saalgasse, Casas municipales, 1984
Saalgasse, Case cittadine, 1984

Steinernes Haus, Markt 44, 1464

Archäologischer Garten mit römischen Thermen, im Hintergrund die Schirn

Archaeological Garden with Roman baths and the 'Schirn' in the background

Jardín arqueológico con termas romanas, al fondo el Salón de arte Schirn

Giardino archeologico con terme romane, sullo sfondo la Schirn

SCHIRN KUNSTHALLE

Hinter den Römerberg-Fachwerkhäusern schließt sich in Richtung Dom die „Schirn" (Schirn Kunsthalle) an, ein Ausstellungshaus für bedeutende Wechselausstellungen. Der Gebäudekomplex von 1983–85 wird durch eine mächtige Rotunde und lang gezogene Pfeilerstellungen geprägt, entworfen durch das Berliner Architekturbüro Bangert, Jansen, Scholz und Schultes.

Adjoining the half-timbered buildings of Römerberg Square to the rear and towards the cathedral is the 'Schirn', an art gallery designed for major temporary exhibitions. The complex was built in 1983–85 and features a mighty rotunda and long, extended colonnades. It was designed by the Berlin architects firm of Bangert, Jansen, Scholz and Schultes.

Schirn Kunsthalle

Detrás de las casas de paredes entramadas del Römerberg se encuentra en dirección a la catedral el "Schirn de Cultura", una galería de arte pensada para grandes exposiciones itinerantes. El complejo de 1983/85 está marcado por una poderosa rotonda y una prolongada ala con pilares, y fue diseñada por el grupo de arquitectos berlineses Bangert, Jansen, Scholz y Schultes.

Dietro alle *Fachwerkhäuser* del Römerberg, in direzione del Duomo, si trova la cosiddetta "Schirn" (Kulturschirn), una galleria d'arte che ospita importanti mostre temporanee. Il complesso, costruito nel 1983–85 su progetto dello studio berlinese "Bangert, Jansen, Scholz und Schultes", è caratterizzato da un'imponente rotonda e da lunghe file di pilastri.

JARDÍN ARQUEOLÓGICO

Entre el Schirn y la catedral se extiende el Jardín arqueológico con excavaciones del campamento militar romano (instalado aquí a más tardar entre el 75 y el 85 d.C.), del que se conservan sótanos de las casas de baños con calefacción hipocáustica y cuarto de vapor, así como partes del palatinado medieval. Excavado fue el gran Hall real, de 26,5 x 12,2 m. Las tres o cuatro dependencias eran posiblemente las habitaciones reales. Un pasillo unía el palatino con la capilla. Los edificios exhumados pertenecen quizás al conjunto mandado a erigir por Luis el Piadoso en el 822.

GIARDINO ARCHEOLOGICO

Tra la *Kulturschirn* ed il Duomo si trova il giardino archeologico con le vestigia del campo militare romano (risalente al più tardi al 75/85 d.C.), del quale si sono conservate le cantine e i locali dei bagni con la sauna ed il riscaldamento, sono inoltre visibili i resti del palazzo reale medievale (*Pfalz*). Gli scavi hanno interessato la "Königshalle" (sala del re), ampia 26,5 x 12,2 m. Un corridoio metteva in comunicazione la reggia con la cappella reale. Gli edifici messi in luce dagli scavi sono probabilmente da identificarsi con quelli fatti costruire da Luigi il pio ed ultimati nell'822 d. C.

DOM

CATHEDRAL

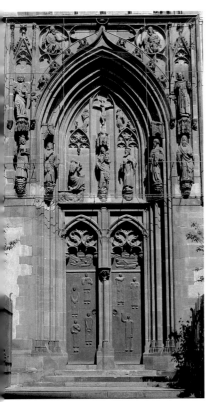

Dom, Südportal

Cathedral, south door

Catedral, portal del sur

Duomo, portale Sud

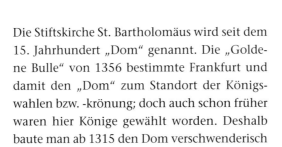

Die Stiftskirche St. Bartholomäus wird seit dem 15. Jahrhundert „Dom" genannt. Die „Goldene Bulle" von 1356 bestimmte Frankfurt und damit den „Dom" zum Standort der Königswahlen bzw. -krönung; doch auch schon früher waren hier Könige gewählt worden. Deshalb baute man ab 1315 den Dom verschwenderisch aus.

Die Vorgängerbauten des heutigen Doms dienten als Pfalzkapelle. Über einem ersten Steinbau (um 680) wurde unter den Karolingern eine Pfalzkirche errichtet, in der Karl der Große 794 die Ostermesse feierte und in der 823 wohl sein Sohn Drogo zum Priester geweiht und sein Enkel Karl der Kahle getauft wurde. Dieser Bau ging in einer spätkarolingischen dreischiffigen Kirche mit Apsis und Querhaus auf, die 852 unter Ludwig dem Deutschen als Salvatorkirche geweiht wurde. Um 1100 erhielt die Kirche eine Doppelturmfassade und – nach dem Erwerb einer Schädelreliquie des hl. Bartholomäus – bis 1239 (Weihe) einen hohen spätromanischen Chor, der bis 1300 um ein frühgotisches Hallenlanghaus ergänzt wurde.

Um eine angemessen große Kirche für die Königswahl vorweisen zu können, entschied man sich Anfang des 14. Jahrhunderts zur Errichtung des heutigen monumentalen Neubaus, in den das frühgotische Langhaus einbezogen wurde. Zunächst begann man mit der Errichtung des heutigen hochgotischen Chors und des ausladenden Querhauses (1315–69). Nach Plänen von Madern Gerthener wurde ab 1415 der markante spätgotische Westturm anstelle der Doppelturmfassade erbaut. Bemerkenswert ist dabei der Übergang der oberen Geschosse des Westturms vom Viereck in ein Achteck und der Abschluss in einen kuppelartigen Helm. Nachdem man jedoch 1513 den Bau einstellen musste, wurde der Turm erst im Zuge einer Restaurierung nach einem Brand des Doms ab 1869 weitergeführt. Deshalb geht die filigrane, mit Krabben besetzte Turmspitze auf den Dombaumeister Franz Josef von Denzinger (1821–94) zurück, der 1869–80 den Turm unter Verwen-

The collegiate church of St. Bartholomäus (St. Bartholomew) has been known as the 'Dom' (Cathedral) since the 15th century. The 'Goldene Bulle' (Golden Bull) of 1356 decreed Frankfurt and thus the 'Dom' as the venue for the election / coronation of kings. However, even before this, Kings had been elected here, and the cathedral was therefore lavishly extended from 1315 onwards.

The buildings preceding today's cathedral served as the palace chapel. Under the Carolingians, a palace church was erected over the original stone building that dated from c. 680. Charlemagne celebrated Easter Mass in this church in 794, and in 823 his son Drogo is believed to have been ordained a priest here and his grandson Charles the Bald baptised. This structure evolved into a late Carolingian church with three aisles, apse and transept, which was consecrated as a Salvator church under Louis the German in 852. The church was given a twin-tower façade around 1100 and – after acquiring a relic of the skull of Saint Bartholomew – by 1239 (consecration) had also been given a high, late Romanesque choir, which by 1300 had been extended through the addition of an early Gothic hall-style nave.

In order to be able to show that they had an appropriately large church for royal elections, the city fathers decided at the start of the 14th century to erect today's monumental building, incorporating the existing early Gothic nave. First, they

Dom, Grablegung Christi, 15. Jahrhundert

Cathedral, Burial of Christ, 15th century

Catedral, Deposición de Cristo, s. XV

Duomo, Deposizione di Cristo, XV secolo

CATEDRAL

La colegiata de San Bartolomé es conocida desde el siglo XV como "Dom" (algo así como "catedral"). La Bula de Oro del 1356 hizo de la iglesia la sede de la Elección real/imperial, aunque ya antes tuvieron lugar otras elecciones reales. Por esta razón, a partir de 1315 el edificio fue ampliado con notoria generosidad.

Los antecesores de la obra actual sirvieron de capilla de palacio. Sobre un primer edificio de piedra (de aprox. el año 680) se erigió en época carolingia una capilla palatina en la

DUOMO

La collegiata di S. Bartolomeo prese il nome di "Duomo" dal XV secolo. La "bolla d'oro" del 1356 dichiarava Francoforte, e con essa il Duomo, luogo deputato per l'elezione e l'incoronazione del re ma già in precedenza alcuni re erano stati eletti in questa sede. Per questo motivo, a partire dal 1315, il Duomo fu modificato sulla base di un ambizioso progetto di ampliamento.

Gli edifici che si succedettero su questo sito, prima della costruzione dell'attuale Duomo, erano destinati a Cappella Reale. Sopra ad una prima costruzione in pietra (sorta intorno al 680) i Ca-

Dom, ab 1235, 1415–1513 und 1869–80
Vorgängerbauten des heutigen Doms, Isometrien, Umzeichnungen nach Heinz Schomann: Frankfurt am Main und Umgebung, Köln 2003, S. 41
Der heutige Dom hatte fünf Vorgängerbauten an gleicher Stelle.

Cathedral, from 1235, 1415–1513 and 1869–80 Buildings preceding today's cathedral.

Catedral, a partir de 1235, 1415–1513 y 1869/80

Duomo, costruito a partire dal 1235, ampliato e modificato tra il 1415 ed il 1513 e tra il 1869 ed il 1880

a) 1. Bau, um 680/1st building, c. 680
b) 2. Bau, um 760/90/2nd building, c. 760/90
c) 2. Bau mit Erweiterung, um 820/2nd building with extension, c. 820
d) 3. Bau, um 852/3rd building, c. 852
e) 3. Bau mit Doppelturmfassade, um 1000/3rd building with twin-tower facade, c. 1000
f) 3. und 4. Bau, um 1240/3rd and 4th building, c. 1240
g) 4. Bau, um 1300/4th building, c. 1300
h) 5. Bau, um 1430/5th building, c. 1430
i) 5. Bau, um 1520/5th building, c. 1520

que Carlomagno celebró la misa de Pascua del 794. En el 823 su hijo Drogo recibió la investidura sacerdotal y también aquí fue bautizado su nieto, Carlos el Calvo. Esta capilla se transformó en una iglesia tardocarolingia de triple nave con ábside y transepto, consagrada bajo Luis el Germánico en el 852 como iglesia de El Salvador. En el 1100 se agregó una fachada de doble torre y - después de la adquisición de una reliquia de San Bartolomé – un coro tardorrománico consagrado en 1239 y completado hasta aproximadamente el 1300 con un cuerpo en salón del gótico temprano.

Para poder satisfacer las necesidades de una gran iglesia donde se celebraba la Elección imperial, a comienzos del siglo XIV se tomó la decisión de erigir un nuevo y monumental edificio, en el que quedó subsumido el cuerpo longitudinal del gótico temprano. Primeramente comenzó la erección del nuevo coro del gótico maduro y del muy sobresaliente transepto (1315/69). A partir de 1415 se levantó la grandiosa torre occidental que vino a reemplazar la fachada de torre dupla. Llaman la atención en ella el paso del cuerpo inferior cuadrado a otro superior octogonal y el remate en forma de yelmo acupulado. Después de la suspensión de las

rolingi fecero innalzare una chiesa reale, nella quale Carlo Magno, nel 794, assistette alla messa pasquale. Nell'823, suo figlio Drogo vi fu ordinato sacerdote e il nipote Carlo il Calvo vi ricevette il battesimo. Questo edificio fu poi trasformato in una chiesa tardo carolingia a tre navate con abside e transetto che, nell'852, sotto Luigi il tedesco, fu consacrata e dedicata al Salvatore. Intorno al 1100 la chiesa fu dotata di una facciata con due torri e, entro il 1239 (consacrazione), dopo l'acquisizione di una reliquia del cranio di S. Bartolomeo, di un alto coro tardo romanico, al quale, entro il 1300, era stata aggiunta una navata a sala nello stile del primo gotico. Per ottenere una chiesa che fosse sufficientemente ampia per ospitare le elezioni reali, all'inizio del XIV secolo si decise di costruire un nuovo edificio, l'attuale Duomo dal carattere monumentale, nel quale fu integrata la navata gotica. Si iniziò, dapprima, con la costruzione dell'odierno coro gotico e dello sporgente transetto (1315–69). Nel 1415, su progetto di Madern Gerthener si costruì la torre occidentale tardo gotica, che soppiantò la precedente facciata a due torri. Particolarmente notevole è il passaggio, nei piani alti della torre, dalla pianta quadrata a quella ottagonale, nonché l'apice composto da una cuspide a cupola. Nel 1513 i lavori dovettero essere interrotti e la torre poté essere terminata solo nel corso di un restauro iniziato nel 1869 e resosi necessario a causa di un incendio che aveva colpito il Duomo. La sommità della torre, dal carattere filigranato e impreziosita da foglie rampanti, è opera di Franz Josef von Denzinger (1821–94) che, nel 1869–80, completò l'edificio basandosi su disegni di Gerthener, conservati nel Museo Storico.

La sala d'ingresso della torre occidentale è caratterizzata da volte situate esattamente alla stessa altezza di quelle del coro e del transetto (23 metri). Per questo si suppone che, già nel XV secolo, si fosse progettato di sopraelevare di sette metri la navata risalente al primo gotico e di raggiungere un livello unitario. Questa idea fu ripresa da Joseph von Denzinger, che ultimò i lavori nel 1880, avendo sostituito le murature esterne, inserito le volte e allungato i pilastri, divenuti così eccezionalmente snelli. L'accesso al Duomo avviene, oggi, attraverso il vestibolo Nord della torre occidentale, eretto a partire dal 1869. Entrati

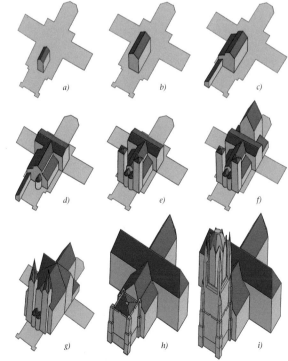

a)   b)   c)
d)   e)   f)
g)   h)   i)

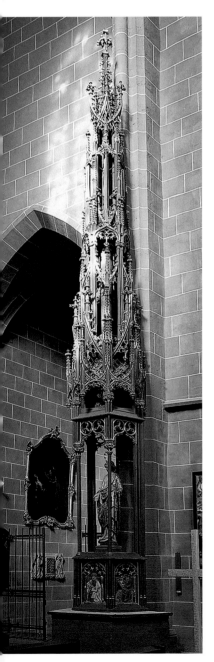

dung von Gertheners Bauplänen, dessen Turmrisse im Historischen Museum erhalten sind, vollendete.

Die Eingangshalle des Westturms besitzt die identische Gewölbehöhe des Chors und Querhauses von 23 Metern. Deshalb wird vermutet, dass man bereits im 15. Jahrhundert geplant hatte, das um sieben Meter niedrigere frühgotische Langhaus nach Abschluss der Bauarbeiten am Turm zu erhöhen. Diese Idee wurde bis 1880 durch den Dombaumeister Joseph von Denzinger aufgegriffen und umgesetzt, wobei die Pfeiler überschlank erhöht, die frühgotischen Außenmauern überwiegend ersetzt und neue Gewölbe eingezogen wurden.

began by building today's high Gothic choir and protruding transept (1315–69). Then, from 1415 to plans by Madern Gerthener, the striking, late Gothic west tower was erected in place of the previous twin-towered façade. Worthy of note here is the transition of the tower's upper level from a rectangular into an octagonal shape and the way in which it is finished off with a dome-like crown. However, construction had to be stopped in 1513 and it was only in the course of restoration following a fire in the cathedral that work on the tower continued in 1869. The tower's intricate peak, decorated with sculpted stone foliage therefore stems from the master cathedral builder Franz Josef von Denzinger (1821–94), who finished off the tower using Gerthener's plans in 1869–80. Gerthener's blueprints for the tower are kept today in the Historisches Museum (Museum of Local History).

As the vaulted ceiling of the west tower's entrance hall is the same height as that of the choir and the transept (23m), it is suspected that even in the 15th century it had already been planned to raise the early Gothic nave, which was seven metres low-

*Dom, Chorgestühl mit einer
Darstellung Karls des Großen
auf der nordwestlichen Hoch-
wange, um 1350*

Cathedral, choir stalls, c. 1350

*Catedral, sillería con una repre-
sentación de Carlomagno sobre
el lateral superior del noroeste,
hacia 1350*

*Duomo, scanni del coro con
una rappresentazione di Carlo
Magno sul pannello di Nord
Ovest, intorno al 1350*

Heute betritt man den Dom durch die ab 1869 errichtete Nordvorhalle des Westturms. Von der Turmhalle blickt man in das kurze, steile Langhaus. An die drei Joche des Südseitenschiffs fügte man nach und nach zwischen etwa 1430 bis 1487 Kapellen an. Das 1346–69 entstandene Querhaus besitzt eine bemerkenswerte und ungewöhnliche Länge von 62 Metern (gegenüber 64 Metern für das Mittelschiff). Die Gewölbe in den drei mittleren Jochen wurden unter Madern Gerthener 1409–11 ausgeführt.

Der Chor ist vom Querhaus durch einen tief herabgezogenen Triumphbogen geschieden. Ur-

er, once building work on the tower had been completed. By 1880, this idea had been taken up and implemented by cathedral architect Joseph von Denzinger. In the process, the columns were made higher and extremely slender, the early Gothic external walls were largely replaced and new vaulting was incorporated.

Today, you enter the cathedral through the west tower's northern entrance hall, built from 1869 on. You can look from the hall of the tower into the short, sheer nave. From around 1430 to 1487, chapels were added over time onto the three bays of the aisle on the southern side. The transept, built from 1346–69, is unusually and remarkably long, measuring 62 metres, compared to 64 metres for the central aisle. The vaulting work in the three middle bays was added in 1409–11 under Madern's direction.

The choir is separated from the nave by a low triumphal arch. Until the imperial coronation of Charles VI in 1711, a late Gothic rood screen originally blocked the view into the choir. Adjoining the choir to the north, the Marienkapelle (Chapel of Our Lady), the vestry (with the chapter room above it) and the neo-Gothic treasury were added in 1425. On the south side is the Chapel of the Holy Sepulchre and the four-bayed 'Wahlkapelle' (Electoral Chapel), which had first been built c. 1425–38 as a library.

While the cathedral contains some high quality Gothic furnishings, these are not for the most part historic items, but go back instead to former clergyman Franz E. A. Münzenberger's passion for collecting. Eight of the ten Gothic altars were not created until around 1880 during restoration work and are in part put together from several different individual altars.

Hans Backoffen's Crucifixion Group, donated in 1509, stands today in the west tower. The plinth remains with a copy of the statue group in its original location on the east side of the north transept. The Maria-Schlaf-Altar (Altar of Mary Sleeping), donated in 1434, stands in the Chapel of Our Lady and the Burial of Christ (dating from the middle of the 15th century) in the corresponding chapel adjoining the south transept, the Chapel of the Holy Sepulchre. On one side of the choir stalls, carved c. 1350, is a depiction of Charlemagne with a model of the 'Cathedral'. Above this

obras en 1513, se completó la torre recién cuando el restauro de la torre, que se hizo necesario luego del incendio de 1869. La aguja final de la torre se remonta así al arquitecto catedralicio Josef von Denzinger (1821/94), quien la erigió siguiendo los planos del siglo XV de M. Gerthener, hoy conservados en el Museo Histórico.

El Hall de entrada bajo la torre tiene la misma altura que las bóvedas del ábside y del transepto, es decir 23 mts. Por ello se supone que ya en el siglo XV se planeaba elevar el cuerpo longitudinal del gótico temprano, que era siete metros más bajo, una vez que se terminaran las obras de la torre.

Esta idea pudo ser realizada por el arquitecto Joseph von Denzingen hasta 1880. Para ello hubo que alargar los pilares, reemplazar ampliamente los muros perimetrales del gótico temprano y cambiar las bóvedas.

Hoy se entra a la catedral por el portal del norte construído en 1869. Por el Hall de la torre se mira hacia la corta y esbelta nave. A los tres tramos de la nave sur se agregaron unas capillas entre aprox. 1430 y 1487. El transepto fue construido de 1346 a 1369 y posee una longitud excepcional de 62 mts. (frente a los 64 de la nave central). Las bóvedas de los tres tramos centrales fueron construidas bajo Madern Gerthener de 1409 a 1411.

nella torre lo sguardo si rivolge alla corta ed alta navata. Alle tre campate della navata laterale Sud, tra il 1430 ed il 1487, furono progressivamente aggiunte delle cappelle. Il transetto, sorto tra il 1346 ed il 1369, presenta l'inconsueta lunghezza di 62 m (contro i 64 m della navata centrale). Le volte nelle tre navate centrali furono realizzate nel 1409–1411 sotto Madern Gerthener.

Il coro è separato dal transetto tramite un arco molto basso. In origine e fino all'incoronazione dell'imperatore Carlo VI nel 1711, la vista del coro era schermata da un pontile (basso setto divisorio murario tra coro e navata, sul quale poteva prendere posto il coro e/o sul quale era collo-

Dom, Passionsaltar in der Wahlkapelle, westfälischer Meister, um 1450

Cathedral, Passion Altar in the Electoral Chapel, Westphalian Master, c. 1450

Catedral, Altar de la Pasión en la Capilla de la Elección, Maestro de Westfalia, hacia 1450

Duomo, Altare della passione nella Wahlkapelle, Maestro della Westfalia, intorno al 1450

Dom, Herz-Jesu-Altar an der Ostwand des Nordquerhauses, von Ivo Strigel aus Memmingen, 1505

Cathedral, Sacred Heart of Jesus Altar on the east wall of the north transept, by Ivo Strigel from Memmingen, 1505

Catedral, Altar del Sagrado Corazón de Jesús sobre la pared oriental del brazo norte del transepto: Ivo Strigel de Memmingen, 1505

Duomo, Altare del cuore di Gesù presso la parete orientale del braccio Nord del transetto, di Ivo Strigel da Memmingen, 1505

runs a painted frieze (from the first quarter of the 15th century) telling the story of St. Bartholomew. In the north transept there are the medieval memorial stones of Frankfurt's patricians. These come originally from St. Michael's Chapel of Rest, which was demolished in 1830. Hanging above this is an oil painting of the Deposition from the Cross, painted in 1628 by Anthony van Dyck.

From the cathedral porch you reach the cloister, originally built in 1348 and now used as the cathedral museum. Exhibits include manuscripts, items of goldsmith's work (especially monstrances and chalices) and textiles (robes and sumptuous embroidery) dating from the Middle Ages to the present day. The item of greatest cultural and historical significance is the gold jewellery from the infant grave of a girl buried in 680, which was excavated in the cathedral's central aisle in 1992.

sprünglich verstellte bis zur Kaiserkrönung Karls VI. 1711 ein spätgotischer Lettner den Blick in den Chor. An den Chor wurden um 1425 im Norden die Marienkapelle und die Sakristei (darüber der Kapitelsaal) sowie die neugotische Schatzkammer angebaut. An der Südseite befindet sich die Christi-Grab-Kapelle und die vierjochige „Wahlkapelle", die um 1425–38 zunächst als Bücherei erbaut worden war.

Der Dom besitzt eine qualitätvolle gotische Ausstattung, die allerdings zumeist keinen historischen Bestand darstellt, sondern auf die Sammelleidenschaft des Pfarrers Franz E. A. Münzenberger zurückgeht. Acht der zehn gotischen Altäre wurden erst im Zuge der Restaurierung um 1880 beschafft und z. T. aus verschiedenen Einzelaltären zusammengesetzt.

Die 1509 gestiftete Kreuzigungsgruppe von Hans Backoffen steht heute im Westturm. Der Sockel verblieb mit einer Kopie der Statuengruppe am Originalstandort an der Ostseite des Nordquerhauses. In der Marienkapelle steht der 1434 gestiftete Maria-Schlaf-Altar, in der entsprechenden Kapelle am Südquerhaus, der Heilig-Grab-Kapelle, die Grablegung Christi (Mitte 15. Jahrhundert). Das um 1350 geschnitzte Chorgestühl zeigt an einer Wange Karl den Großen mit dem Modell des „Doms". Darüber verläuft ein gemalter Fries mit der Bartholomäusgeschichte (1. Viertel 15. Jahrhundert).

Im nördlichen Querschiff stehen mittelalterliche Grabplatten des Frankfurter Patriziats, die aus der 1830 abgebrochenen Totenkapelle St. Michael stammen. Darüber hängt das 1628 gemalte Ölbild der Kreuzabnahme des Rubensschülers Anton van Dyck.

Von der Vorhalle des Doms gelangt man in den ehemaligen, ab 1348 erbauten Kreuzgang, der als Dommuseum genutzt wird. Gezeigt werden Handschriften, Goldschmiedearbeiten (besonders Monstranzen und Kelche) sowie Textilien (Gewänder und kostbare Stickereien) vom Mittelalter bis heute. Kulturhistorisch von größter Bedeutung ist der Goldschmuck aus dem Kindergrab eines um 680 bestatteten Mädchens, das 1992 im Mittelschiff des Doms ausgegraben wurde.

El coro está separado del crucero por un arco triunfal bajo. Hasta la coronación del emperador Caros VI° en 1711, un ambón transversal impedía la mejor visión del coro. Junto al coro se erigieron del lado norte la Capilla de Sta. María y la sacristía (y sobre ellas la sala del Capítulo). A ellas se agregó una cámara del tesoro neogótica. Sobre el flanco sur se encuentra la Capilla de la Elección, de cuatro tramos, que fue construida primeramente de 1425 a 1438 como "librería".

La catedral posee un sobresaliente equipamiento de obras de arte góticas, que en lo grueso no corresponde al estado original de la iglesia, sino a la pasión coleccionista del párroco Franz E. A. Münzenberg. Ocho de los diez retablos tardogóticos fueron taídos aquí durante la restauración de 1880 y en parte están ensamblados con piezas de diferentes altares.

El grupo de la Crucifixión de Hans Backoffen se encuentra hoy en la planta baja de la torre. El zócalo original con una copia de este grupo escultórico permanece en su lugar original al este del brazo norte del transepto. En la Capilla de María se encuentra el altar de la Dormición de la Virgen, donado en 1434. En la capilla correspondiente del brazo sur, la Deposición del Cristo muerto (mediados del s. XV). La sillería tallada hacia 1350 muestra en una de sus caras a Carlomagno con el modelo de la "catedral". Sobre la sillería se ve un friso con la leyenda de San Bartolomé (primer tercio del s. XV).

En el brazo septentrional del transepto se ven lápidas medievales del patriciado medieval francfortés, provenientes de la capilla de San Miguel que fue demolida en 1830. Sobre ellas cuelga el Desprendimiento de la Cruz de Anton van Dyck, de 1628, quien fue discípulo de Rubens.

Desde el atrio de la catedral se accede al claustro de 1348, utilizado hoy como museo. Se exponen códices, trabajos de orfebrería tales como cálices y custodias, y también piezas textiles como paramentos y preciosos bordados, que datan desde la Edad Media hasta hoy. De la mayor significación cultural son las joyas de oro de una niña enterrada en el 680, cuya tumba se excavó bajo el suelo de la nave mayor en 1992.

cato un leggio per la proclamazione del Vangelo) tardo gotico. Il coro fu ampliato a Nord con la costruzione, nel 1425, della Cappella di Maria e della Sacrestia (al di sopra della quale sorse la sala del capitolo); successivamente fu inoltre aggiunta la tesoreria neogotica. Sul lato Sud si trovano la Cappella del Sepolcro di Cristo e la cosiddetta *Wahlkapelle*, che presenta quattro campate ed era stata costruita nel 1425–38 come Biblioteca.

Il Duomo possiede un arredo gotico di grande pregio che, in buona parte, non apparteneva storicamente a questa chiesa, ma è stato messo insieme dal Pastore Franz E. A. Münzenberger, che era un appassionato collezionista. Otto dei dieci altari gotici furono acquisiti nel corso dei restauri condotti intorno al 1880 e sono, in parte, il risultato di un'opera di assemblaggio di diversi altari. Il gruppo della crocifissione, opera di Hans Backoffen e donato al Duomo nel 1509, si trova oggi nella torre occidentale. La base originale è invece rimasta, insieme ad una copia delle figure, nel punto in cui la composizione era originariamente collocata (lato est del braccio Nord del transetto). Nella Cappella dedicata a Maria si trova il Maria-Schlaf-Altar (altare della Dormizione), donato nel 1434 e, nella cappella corrispondente nel braccio Sud del transetto (la Cappella del sepolcro di Cristo) una raffigurazione della Deposizione riferibile alla metà del XV secolo. Gli stalli intarsiati del coro, realizzati intorno al 1350, presentano su un pannello Carlo Magno con il modello del Duomo. Sopra a questo si snoda un fregio dipinto che rappresenta la storia di S. Bartolomeo (primo quarto del XV secolo).

Nel transetto Nord si trovano alcune lastre tombali medievali di patrizi di Francoforte, provenienti dalla cappella cimiteriale di S. Michele, demolita nel 1830. Sopra a queste si può ammirare il dipinto ad olio raffigurante la deposizione dalla croce, opera di Anton van Dyck, allievo di Rubens. Dal vestibolo del Duomo si giunge al chiostro, costruito a partire dal 1348, che attualmente ospita il Museo del Duomo. In mostra si trovano manoscritti, opere di oreficeria (in particolare ostensori e calici) e tessuti (paramenti e preziosi ricami) dal Medioevo ai giorni nostri. Dal punto di vista storico-antropologico sono particolarmente interessanti i gioielli in oro provenienti dalla tomba di una bambina sepolta intorno al 680 e ritrovati nel corso di scavi archeologici condotti nella navata maggiore del Duomo (1992).

Dom, Grabplatte für Rudolf von Sachsenhausen

Cathedral, memorial stone for Rudolf von Sachsenhausen

Catedral, Lápida de Rudolf von Sachsenhausen

Duomo, Lastra tombale di Rudolf von Sachsenhausen

Dom, Doppelepitaph für Johannes von Holzhausen und seine Frau Gudela von Goldstein

Cathedral, double epitaph for Johannes von Holzhausen and his wife Gudela von Goldstein

Catedral, Doble epitafio de Johannes von Holzhausen y su esposa Gudela von Goldstein

Duomo, doppio epitafio per Johannes von Holzhausen e sua moglie, Gudela von Goldstein

LEINWANDHAUS

Als Magazin für Tuche außerhalb der Messezeit wurde das wenige Meter südlich des Doms stehende Leinwandhaus 1397–1400 erbaut. Später erfüllte es unter anderem die Funktion als Gerichtsstätte und Gefängnis, als Haus des Stadtschreibers, als Schlachthaus, 1890–1944 als Stadtmuseum und seit dem Wiederaufbau 1980 als Kunst- und Fotogalerie. Der repräsentative Massivbau besitzt Kreuzstockfenster und eine abschließende Zinnengalerie mit Eck-türmchen.

The Leinwandhaus (Fabric House), a few metres to the south of the cathedral, was built from 1397–1400 as a place to store fabrics outside of fair times. It later served a number of other roles, including as a court house and prison, as the town scribe's house, as a slaughterhouse, from 1890–1944 as the city museum and since it was rebuilt in 1980 as an art and photograph gallery. The impressive solid structure has crossbar windows and is topped off with a crenellated gallery and corner turrets.

Construída a pocos metros al sur de la catedral entre 1397 y 1400 como depósito de paño en los meses extra-feriales. Más tarde se transformó en sala de justicia, prisión, casa del escribano del Consejo, matadero, y, de 1890 a 1944 en Museo de la ciudad. Desde la reconstrucción efectuada en 1980 sirve de galería de arte y fotografía. El pétreo edificio de altivo aspecto está dotado de ventanas en cruz, una galería almenada y torrecillas esquineras.

Situata pochi metri a Sud del Duomo, la Leinwandhaus (letteralmente "Casa del tessuto di lino") venne costruita nel 1397–1400 per immagazzinare i tessuti tra una fiera e l'altra. Successivamente servì a molti usi: come tribunale e prigione, come casa del segretario comunale, come macello e poi, tra il 1890 ed il 1944, come Museo cittadino. Da quando fu ricostruita (1980), è sede di una galleria d'arte e di fotografia. L'imponente edificio è caratterizzato da finestre a crociera e si conclude, in alto, con una galleria merlata e torrette angolari.

MUSEUM FÜR MODERNE KUNST

Der moderne, wenig durchfensterte Museumsbau – nördlich des Doms zwischen Berliner Stra-
ße und Braubachstraße gelegen – wurde 1992
nach Plänen des österreichischen Architekten
Hans Hollein errichtet. Da das Grundstück die
Form eines Dreiecks besitzt, wird das Gebäude
im Volksmund „Tortenstück" genannt. Neben
Sonderausstellungen sind Teile der eigenen
Sammlung ausgestellt. Schwerpunkte der Sammlung bildet die Kunst der Gegenwart und die
Kunst der 1960er-Jahre mit Werken unter anderem von Roy Lichtenstein, Walter de Maria,
Claes Oldenburg, Andy Warhol, Joseph Beuys,
Franz Erhard Walther, George Segal, James Ro-
senquist, Jasper Johns und Robert Rauschenberg.

MUSEUM OF MODERN ART

Situated to the north of the cathedral between
Berliner Strasse and Braubachstrasse, this modern museum building with very few windows was
built in 1992 to plans by the Austrian architect
Hans Hollein. As the building sits on a triangular
plot, it is colloquially known as the 'Tortenstück'
(slice of gateau). In addition to special exhibitions,
the museum also exhibits some of its own collection. The collection's emphasis is on art of the
present day and the 1960s and includes works by
Roy Lichtenstein, Walter de Maria, Claes Oldenburg, Andy Warhol, Joseph Beuys, Franz Erhard
Walther, George Segal, James Rosenquist, Jasper
Johns and Robert Rauschenberg.

MUSEO DE ARTE MODERNO

El moderno edificio de escaso aventanamiento
- situado al norte de la catedral entre las calles
Berliner y Braubacher-Strasse fue erigido en 1992
según planos del arquitecto austríaco Hans Hollein. Como el terreno es triangular, el edificio es
conocido por el "trozo de tarta". Junto a exposiciones especiales se exhibe parte de los fondos
del museo. La especialidad del mismo es el arte
de los años '60 y de la actualidad. Hay obras de
Roy Lichtenstein, Walter de Maria, Claes Oldenburg, Andy Warhol, Joseph Beuys, Franz Erhard
Walther, George Segal, James Rosenquist, Jasper
Johns y Robert Rauschenberg.

MUSEO D'ARTE MODERNA

Il moderno edificio museale, caratterizzato dalla
presenza di pochissime bucature e situato a Nord
del Duomo tra la Berliner Straße e la Braubachstraße, è stato costruito nel 1992 su progetto dell'architetto austriaco Hans Hollein. A causa della forma triangolare del lotto su cui insiste, l'edificio è
comunemente chiamato "fetta di torta". Oltre a
mostre temporanee il museo espone anche una
parte della propria collezione specializzata in arte contemporanea e degli anni Sessanta del Novecento con opere, tra gli altri, di Roy Lichtenstein,
Walter de Maria, Claes Oldenburg, Andy Warhol,
Joseph Beuys, Franz Erhard Walther, George Segal,
James Rosenquist, Jasper Johns e Robert Rauschenberg.

MUSEUM JUDENGASSE

Dem Dominikanerkloster gegenüber steht auf der anderen Seite der Kurt-Schumacher-Straße das Kundenzentrum der Stadtwerke mit seinem gewellten Dach. Der von E. Gisel entworfene Ziegelsteinbau (1990–92) entstand auf dem Gebiet der einstigen Judengasse, in der die jüdische Bevölkerung Frankfurts ab 1460/62 in einem Ghetto wohnte. Im Zuge allgemeiner Liberalisierung im Jahr 1811 galt auch für die Juden keine Beschränkung des Wohnquartiers mehr, und das Ghetto mit seiner Fachwerkbebauung verfiel, so dass es bis 1885, abgesehen von dem barocken Stammhaus der Bankierfamilie Rothschild (1944 zerstört), eingeebnet und in Börnestraße umbenannt wurde. Die Grundmauern von fünf der ursprünglich 195 Häuser mit Ritualbädern und Brunnen sind als „Museum Judengasse" zu besichtigen. Der Großteil der Bausubstanz stammt aus dem 18. Jahrhundert; ein Teil geht noch bis zu den Anfängen des Ghettos, das damals noch außerhalb der Stadtmauern lag, zurück. Zusätzlich stellt das Museum die Geschichte der Judengasse dar, den Alltag im Ghetto und die Geschichte des Börneplatzes (ursprünglich „Judenmarkt"), auf dem 1882 eine der großen Synagogen Frankfurts errichtet worden war, die in der Reichskristallnacht am 10. November 1939 zerstört wurde.

Hinter dem Gebäude liegt der **Alte Judenfriedhof**, der bis 1828 belegt wurde und dessen ältester Grabstein von 1272 stammt. Davor befindet sich auf dem Neuen Börneplatz eine **Gedenkstätte** für die von den Nationalsozialisten ermordeten Frankfurter Juden, bestehend aus über 11 000 in die Friedhofsmauer eingelassenen Blöcken mit den Namen der deportierten und ermordeten Juden.

Opposite the Dominican monastery on the other side of Kurt-Schumacher-Strasse is the Frankfurt public services customer centre with its wavy roof. Designed by E. Gisel, this brick building was built in 1990–92 on the site of what was once Judengasse (Jews' Lane), where Frankfurt's Jewish population lived in a ghetto from 1460/62. As part of the general process of liberalisation, restrictions on where the Jews could live were lifted in 1811 and the ghetto with its half-timbered houses fell into disrepair. In 1885, apart from the Baroque ancestral home of the Rothschild banking family (destroyed in 1944), the houses were therefore demolished and the road was renamed Börnestrasse. The foundations of five of the original 195 houses with ritual baths and wells are open to public view as 'Museum Judengasse'. While the majority of these foundations date from the 18th century, some still go back to the beginnings of the ghetto, which at that time lay outside of the city walls. The museum also depicts the history of 'Jews' Lane', everyday life in the ghetto and the history of Börneplatz (originally 'Judenmarkt' or 'Jews' Market'), where in 1882 the community had built one of Frankfurt's largest synagogues, destroyed on 'Reichskristallnacht' ('The Night of Broken Glass'), 10th November 1939.

Behind this building is the **Alter Judenfriedhof** (Old Jewish Cemetery), which was used up until 1828 and in which the oldest gravestone dates from 1272. In front of

the cemetery on Neuer Börneplatz is a **memorial** to the Jews of Frankfurt murdered by the National Socialists. It consists of over 11,000 bricks bearing the names of the deported and murdered Jews inset into the cemetery wall.

Frente al convento dominico, del otro lado de calle Kurt-Schumacher se levanta el Centro de atención al Cliente de los Servicios Públicos Municipales, con su remate en formas onduladas. El edificio revestido en ladrillo fue realizado por E. Gisel en 1990/92 sobre el área de la antigua calle de la Judería, ghetto en el que vivieron los hebreos a partir de 1460/62. En el marco de la general liberalización del año 1811 dejó de ser obligatorio que los judíos habitasen exclusivamente esta zona. La edificación entramada del barrio se fue arruinando y con excepción la casa barroca de los Rothschild (a su vez destruída en 1944), fue finalmente demolida y la calle rebautizada como Börnestrasse. Pueden visitarse hoy los fundamentos de cinco de las primitivas 195 casas con baños rituales y aljibes, que hoy pertenecen al "Museum Judengasse". La mayor parte de la substancia edilicia se remonta al siglo XVIII, otra parte a la época de surgimiento del ghetto, que entonces se situaba extramuros. El museo narra la historia de la Judengasse, la vida cotidiana en el ghetto y la historia de la plaza Börneplatz (originalmente "Judenmarkt"), sobre la que se erigió en 1882 una de las grandes sinagogas de Frankfurt, destruída en la "Noche de los cristales" en 1939.

Detrás del edificio está el **Viejo cementerio judío**, utilizado hasta 1828, cuya lápida más antigua data de 1272. Sobre la nueva Börneplatz se encuentra un **memorial** con los nombres de 11.000 judíos de Francfort deportados o asesinados por los Nacionalsocialistas, que están grabados en los bloques sobresalientes del muro del cementerio.

Di fronte al Monastero domenicano, dall'altra parte della Kurt-Schumacher-Straße, si trova il Centro Assistenza Clienti delle Stadtwerke, caratterizzato dal tetto ondulato. L'edificio in mattoni, progettato da E. Gisel (1990–92) sorge sul sito ove si trovava l'antico Judengasse (vicolo dei giudei) nel quale la popolazione ebraica di Fran-

coforte ha vissuto relegata in un ghetto sin dal 1460/62. Nel corso della generale liberalizzazione avvenuta nel 1811 alla popolazione ebraica fu riconosciuto il diritto di scegliere liberamente la propria residenza ed il ghetto, costituito da *Fachwerkhäuser*, fu abbandonato e degradò rapidamente. Nel 1885 fu raso al suolo (ad eccezione della residenza barocca della famiglia di banchieri Rothschild, distrutta nel 1944) e assunse il nuovo nome di Börnestraße. Le fondazioni di cinque delle originarie 195 case (dotate di lavatoi per i riti sacri e di fontane), sono visitabili nel cosiddetto "Museum Judengasse". La maggioranza dei resti risale al XVIII secolo, ma una parte è riconducibile alla prima fase di edificazione del ghetto, quando questa zona si trovava ancora al di fuori della cinta muraria cittadina. Il museo documenta anche la storia della Judengasse, la vita quotidiana nel ghetto e la storia della Börneplatz (originariamente chiamata "Judenmarkt" – Mercato ebraico), sulla quale, nel 1882, era stata costruita una delle grandi sinagoge di Francoforte, distrutta durante la notte dei Cristalli (10 Novembre 1939).

Sul retro dell'edificio si trova il **vecchio cimitero ebraico**, rimasto in uso fino al 1828 e la cui più antica pietra tombale risale al 1272. Di fronte a questo, sulla Neuer Börneplatz, si trova un **monumento** agli ebrei di Francoforte uccisi dai nazisti, costituito da più di 11.000 blocchi, inseriti nel muro di cinta del cimitero, sui quali sono incisi i nomi degli ebrei deportati ed assassinati.

Museum Judengasse, Gebäude und Ausgrabungen
Museum Judengasse, building and excavations
Museo Judengasse, edificio y excavaciones
Museum Judengasse, edifici e scavi archeologici

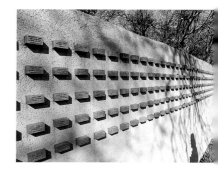

Gedenkstätte Neuer Börneplatz, 1996
Neuer Börneplatz memorial, 1996
Memorial "Neuer Börneplatz", 1996
Monumento commemorativo sulla Neuer Börneplatz, 1996

MAINUFER

SAALHOF – HISTORISCHES MUSEUM

Die Königspfalz zwischen Dom und Römerberg bestand bis etwa 1200 und wurde dann allmählich überbaut. Auch der unter Konrad III. oder Friedrich I. Barbarossa um 1140/60 begonnene Saalhof am Mainufer diente nur kurz als Königsburg. Von ihm sind ein Wehrturm, der Palas und die Saalhof-Kapelle, um 1208, erhalten. 1333 gelangte der Bau in bürgerlichen Besitz und diente als Quartier für Kaiser und Kaufleute.

In den folgenden Jahrhunderten wurde die Anlage repräsentativ erneuert. Die heutige Mainfront bilden im Osten der Burnitzbau, 1842 nach Plänen von Rudolf Burnitz im Rundbogenstil erbaut, und im Westen der barocke Bernusbau von 1715–17 (Planung: Pater Bernhard Kirn) sowie der gotische Stadtturm – der Rententurm von 1455/56.

Im Saalhof ist seit 1954 das **Historische Museum** untergebracht. Die Ausstellung widmet sich der Geschichte, Kunst und Kultur der Stadt Frankfurt von den mittelalterlichen Ausgrabungsfunden bis zu den Zimmereinrichtungen der Gegenwart.

Staufische Königspfalz des Saalhofs mit Kapelle, 12. Jahrhundert

The Saalhof's Staufer period royal palace, with chapel, 12th century

Palatinado estáufico del Salón de Corte con capilla, siglo XII

Palazzo reale degli Hohenstaufen (Saalhof) con la cappella, XII secolo

The royal palace between the cathedral and Römerberg Square remained in use until around 1200 and was then gradually overbuilt. The 'Saalhof' on the Main riverbank, begun under Conrad III or Frederick I (Barbarossa) around 1140/60, also only served for a short time as the royal castle. Of this complex, a fortified tower, the palace and the Saalhof chapel, built around 1208, remain. In 1333, ownership of the building moved out of royal hands and it then served as lodgings for emperors and merchants.

Over the ensuing centuries, the complex was given a new look of pomp and splendour. Today's Main frontage is made up by the Burnitzbau (Burnitz Building) to the east, built in 1842 to plans by Rudolf Burnitz and the Baroque Bernusbau (Bernus Building) to the west, dating from 1715–17 (designed by Father Bernard Kirn), plus the Gothic city tower, the Rententurm (Customs Tower), dating from 1455–56.

Since 1954, the Saalhof complex has been home to the **Historisches Museum** (Museum of Local History). The museum exhibits are devoted to Frankfurt's history, art and culture and range from medieval finds from excavations to present day room furnishings.

El Palatinado entre la catedral y el Römer existió hasta aprox. el 1200, siendo luego progresivamente alterado. También el Saalhof surgido en tiempos de Conrado III° o Federico I° Barbarroja hacia el 1140/60 sirvió brevemente como castillo real. De él se han conservado una torre defensiva, el "Palas" y la capilla, datada hacia 1208. En 1333 el edificio pasó a manos de los burgueses y se usó como alojamiento del emperadores y comerciantes.

En los siglos sucesivos el conjunto fue renovado con empaque. El actual frente sobre el Meno lo conforma en el este el "Burnitzbau" de 1842 (trazas neorrománico-clasicistas de Rudolf Burnitz), y en el oeste el "Bernusnbau" barroco de 1715/17 (según trazas del Padre Bernhard Kirn), así como la torrre "Rententurm" de la antigua muralla, erigida en 1455/56.

En el Saalhof se encuentra alojado desde 1954 el **Museo Histórico**. La exposición está dedicada a la historia, arte y cultura de la ciudad, partiendo de los hallazgos de las excavaciones ar-

queológicas hasta llegar al amoblamiento contemporáneo.

Il palazzo regio tra il Duomo ed il Römerberg si conservò fino al 1200, quando gradualmente venne modificato. Anche il Saalhof, posto lungo il Meno ed iniziato sotto Corrado III o Federico I intorno al 1140/60, fu utilizzato solo brevemente come castello reale. Di esso si conservano una torre difensiva, il palazzo e la cappella (risalente circa al 1208). Nel 1333 l'edificio passò alla città e fu utilizzato come alloggio temporaneo per l'imperatore e per commercianti. Nei secoli successivi il complesso venne rinno-

vato e reso più imponente. Il fronte sul Meno è oggi costituito ad est dal Burnitzbau, costruito nel 1842 su progetto di Rudolf Burnitz nel *Rundbogenstil* (letteralmente "stile degli archi a tutto sesto", sviluppatosi a partire dal 1830 ca. e ispirato al romanico), ad ovest dal barocco Bernusbau risalente al 1715–17 (progetto: Pater Bernhard Kirn) e dalla torre cittadina gotica, il cosiddetto *Rententurm* risalente al 1455/56.

Dal 1954 nel *Saalhof* si trova il **museo di storia**. Le sale espositive sono dedicate alla storia, arte e cultura di Francoforte, dai reperti medievali provenienti dagli scavi fino agli arredi contemporanei.

Staufische Königspfalz des Saalhofs mit Turm, Palas sowie Kapelle mit Keller und Aufbau, 12. und frühes 13. Jahrhundert

The Saalhof's Staufer period royal palace, with tower, palace and chapel with cellar and extension, 12th and early 13th century

Palatinado estáufico del Salón de Corte con torre, Palas y capilla con sótano y dependencias, siglo XII y temprano s. XIII

Palazzo reale degli Hohenstaufen (Saalhof) con torre, palazzo nonché la cappella con cantina e edificio fuori terra, XII secolo e primo XIII secolo

Haus Wertheim, Fahrtor 1, um 1600. Das Gebäude mit den dekorativen Holzverstrebungen ist das einzige von mehr als 1 000 Fachwerkhäusern der Frankfurter Altstadt, das den 2. Weltkrieg überlebte.

'Haus Wertheim', No. 1 Fahrtor, c. 1600. With its decorative timber beams, this is the only one of over 1,000 half-timbered buildings in the old town of Frankfurt to survive WW II.

Casa Wertheim, Fahrtor 1, hacia 1600. El edificio con los apuntalamientos decorativos en madera es el único ejemplo entre más de 1.000 casas entramadas que tenía el centro de la ciudad vieja de Francfort que sobrevivió a la Segunda Guerra Mundial.

Haus Wertheim, ingresso carrabile 1, intorno al 1600. L'edificio, caratterizzato da elementi lignei decorativi, è l'unico di più di mille costruzioni storiche a struttura lignea (Fachwerkhäuser) originariamente presenti nel centro di Francoforte che sia sopravvissuto alla seconda guerra mondiale.

Mitteltafel des Helleraltars von Albrecht Dürer (Kopie von Jobst Harrich), Seitentafeln von Matthias Grünewald, 1509, ursprünglich Dominikanerkirche, heute Historisches Museum

Central panel of Albrecht Dürer's Helleralter (copy by Jobst Harrich), side panels by Matthias Grünewald, 1509, originally in the Dominican church, now in the Museum of Local History

Tabla central del Altar Heller de Alberto Durero (copia de Jobst Harrich), tablas laterales de Matthias Grünewald, 1509, originalmente en la iglesia de los Dominicos, hoy en el Museo histórico

Pala centrale dello Helleraltar di Albrecht Dürer (copia di Jobst Harrich), pala laterale di Matthias Grünewald, 1509, originariamente nella chiesa dei domenicani, oggi museo di storia

Saalhof (Historisches Museum Frankfurt)
Saalhof (Museum of Local History)
Saalhof (Museo histórico de Francfort)
Saalhof (Museo storico di Francoforte)

ST. LEONHARD

Am Mainufer steht die nach dem Dom kunsthistorisch bedeutendste Kirche Frankfurts. 1219 gegründet, erhielt die Kirche 1323 das Leonhard-Patrozinium, nachdem dessen Reliquien in die Kirche verbracht worden waren. Kurz zuvor hatte man der Kirche ein Stift angegliedert. Vom spätromanischen Ursprungsbau sind die zwei Nebenapsiden, die als polygonale Chorflankentürme enden, und die westliche sowie nördliche Abschlusswand des Langhauses erhalten. Dazu gehören zwei dekorative Rundbogenportale, darunter das Hauptportal, das im Tympanon ein Relief mit der Darstellung des thronenden Christus zeigt, umgeben von Maria und Petrus sowie – kniend – dem Evangelisten Johannes und dem hl. Georg. Auf der Konsole Christi hat – ein seltener Fall innerhalb der Bauplastik des Hohen Mittelalters – der Bildhauer oder Baumeister mit dem Namenszug „Engelbertus" signiert.

St. Leonhard, Langhaus und Chor

St. Leonhard, nave and choir

San Leonardo, cuerpo longitudinal y coro

S. Leonardo, navata maggiore e coro

ST. LEONARD

Situated on the northern bank of the Main is St. Leonhard (St. Leonard's), in terms of art history the most important church in Frankfurt after the cathedral. Established in 1219, the church was dedicated to St. Leonhard in 1323, after his relics had been placed there. Shortly before that, a monastery had been affiliated to the church.

The elements of the original late Romanesque building still preserved are the two side apses, which terminate as polygon-shaped towers on either side of the choir, and the walls at both the west and north end of the nave. Incorporated within these are two decorative arched doors, one of which is the main entrance door showing in the tympanum a relief depicting the enthroned Christ surrounded by Mary, Peter and, kneeling, John the Evangelist and St. George. On the corbel supporting the figure of Christ, the sculptor or builder has inscribed the signature 'Engelbertus'.

SAN LEONARDO

Situada junto a orillas del Meno, es la iglesia más importante después de la catedral. Fundada en 1219, el templo quedó en 1323 bajo el patrocinio de San Leonardo, cuando sus reliquias fueron trasladadas a la iglesia. Poco antes se había incorporado un Cabildo a la iglesia.

Del edificio románico original quedan las apsidiolas que flanquean el coro y rematan en torrecillas octogonales, así como la pared norte de la iglesia. También son de esa época dos portadas decorativas de medio punto, una de ellas era el portal mayor, que muestra en el tímpano una figura del Cristo entronizado, rodeado de Sta. María y San Pedro, con San Juan y San Jorge arrodillados. Caso poco común en la escultura medieval, el arquitecto o escul-

CHIESA DI S. LEONARDO

Sulla riva del Meno si trova la chiesa più significativa della città dal punto di vista storico artistico, a prescindere dal Duomo. Fondata nel 1219, venne dedicata nel 1323 a S. Leonardo, dopo che le sue reliquie erano state trasferite nella chiesa. Poco prima era stata annessa alla chiesa un'Opera pia.

Dell'edificio tardo romanico originale si sono conservate le due absidi laterali che si concludono con torri poligonali affiancate al coro, nonché le pareti Ovest e Nord della navata maggiore. Sempre alla stessa epoca appartengono due portali a tutto sesto tra cui quello principale che, nel timpano, mostra un bassorilievo raffigurante Cristo in trono circondato da Maria e Pietro e, inginocchiati, l'evangelista Giovanni e S. Giorgio. Sulla mensola dedicata

St. Leonhard, Ansicht von Südosten

St. Leonard, seen from the south-east

San Leonardo, vista desde el sudeste

S. Leonardo, vista da Sudest

St. Leonhard, Marienaltar, um 1510, romanisches Portal, Langhaus, ehemaliges Hauptportal, um 1220/30

St. Leonard, altar of our Lady, c. 1510, Romanesque entrance, nave, former main entrance, c. 1220/30

San Leonardo, Altar de Sta. María, hacia 1510, portal del Románico, cuerpo longitudinal, antiguo portal mayor, hacia 1220/30

S. Leonardo, Marienaltar, intorno al 1510, portale romanico, navata maggiore, ex portale principale, intorno al 1220/30

Der feingliedrige heutige Chor mit reichem Sterngewölbe wurde um 1425–34 wohl unter Leitung von Madern Gerthener erbaut. 1453 erhielt der Chor im Norden einen Kapellenanbau (Grabkapelle der Familie Bronn) mit achteckigem Gewölbe (heute Sakristei). Zwischen 1500 und 1520 erfolgte der Umbau des romanischen Langhauses zur spätgotischen Hallenkirche und die Erweiterung auf fünf Schiffe. Hervorzuheben sind die Stern- und Netzgewölbe sowie die maßwerkverzierten Emporenbrüstungen der Seitenschiffe.

Bemerkenswertester Bauteil der Kirche ist der nördliche Nebenchor, das sog. Salvatorchörlein, eines der originellsten Leistungen der Spätgotik, 1508 als Grabkapelle von Hans Baltz († 1516) aus Mertenstein geschaffen, der hier beigesetzt ist. Es handelt sich um ein offenes Gewölbe mit hängendem Schlussstein und einem Rippennetz ohne Gewölbekappen. Auf dem hängenden Schlussstein steht ein Christus an der Geißelsäule.

Von der im 19. Jahrhundert erworbenen Ausstattung sind ein Marienaltar aus Antwerpen (um 1510) und der Hochaltar (um 1480) hervorzuheben.

Today's tall, narrow choir with its stellar vaulted ceiling was built around 1425–34, most likely under the direction of Madern Gerthener. In 1453, a chapel with octagonal vaulting was added onto the north of the choir (the Bronn family burial chapel, now the vestry). Between 1500 and 1520, the Romanesque nave was converted into a late Gothic hall church and expanded into five aisles. Worthy of particular note is the stellar and reticulated vaulting, plus the intricately decorated balustrades of the side aisle galleries. The most noteworthy structural element of the church is the northern side choir, the so-called 'Salvatorchörlein' (small Salvator choir), one of the most original pieces of work from the late Gothic period, created in 1508 as a burial chapel by Hans Baltz (d. 1516), who is buried here. It features an open vaulted ceiling with hanging keystone and a ribbed network with no vaulted canopies. On the hanging keystone there is a figure of Christ at the Column.

Of the furnishings, which were acquired in the 19th century, an altar of Our Lady from Antwerp (c. 1510) and the high altar (c. 1480) are worthy of special mention.

tor grabó su nombre en la consola del Cristo: Engelbertus.

El coro sutilmente articulado muestra una rica bóveda estrellada probablemente hecha por Madern Gerthener hacia 1425/34. En 1453 se agregó al norte del coro la capilla de la familia Bronn, con su bóveda octogonal (hoy sacristía). Entre 1500 y 1520 se reformaron las naves románicas para dar lugar a una iglesia tardogótica de salón y cinco naves. Destacables son las bóvedas reticuladas y en estrella, así como los antepechos de tracería de las tribunas.

El espacio más valioso de todo el templo es el llamado "Corito del San Salvador", una absidiola del flanco norte, fundada en 1508 como capilla funeraria de Hans Baltz de Mertenstein (muerto en 1516). Se trata de una bóveda de nervaduras aéreas (sin cáscaras de bóveda) y pinjante. En este último se ve un Cristo azotado en la columna. Los altares se compraron en el siglo XIX: un Altar de María de Amberes (hacia1510) y el Altar mayor (hacia 1480).

a Cristo (*Konsole Christi*) lo scalpellino o il mastro muratore ha inciso la propria firma "Engelbertus" – un caso molto raro per le sculture architettoniche dell'alto medioevo. L'attuale coro, dalle forme delicate e caratterizzato da una ricca volta stellata, è stato edificato intorno al 1425–34, probabilmente sotto la direzione di Madern Gerthener. Nel 1453 fu aggiunta al coro, sul lato Nord, una cappella con volta ottagonale (cappella sepolcrale della famiglia Bronn, oggi sacrestia). Tra il 1500 e il 1520 la navata romanica venne trasformata in una chiesa a sala tardo gotica ed ampliata su cinque navate. Degne di nota sono le volte stellate e reticolari nonché, nelle navate laterali, i parapetti traforati dei matronei. La parte più significativa dell'intero complesso è il coro laterale Nord, il cosiddetto Salvatorchörlein (Piccolo Coro del Salvatore), una delle realizzazioni più originali del tardo gotico, eseguita nel 1508 ad uso di cappella tombale per Hans Baltz da Mertenstein († 1516). Si tratta di una interessante struttura voltata con chiave di volta appesa e una rete di costoloni senza unghie. La chiave di volta è decorata da una rappresentazione di Cristo presso la colonna della flagellazione.

Tra gli elementi di arredo aggiunti nel XIX secolo sono da menzionare un altare dedicato a Maria proveniente da Anversa (realizzato intorno al 1510) e l'altare maggiore (realizzato intorno al 1480).

*St. Leonhard,
Salvatorchörlein, 1508*

*St. Leonard,
small Salvator
choir, 1508*

*San Leonardo,
Corito del
Salvador, 1508*

*S. Leonardo,
Salvatorchörlein, 1508*

KARMELITERKLOSTER – ARCHÄOLOGISCHES MUSEUM

Nach den Dominikanern ließen sich als zweiter Bettelorden 1246 die Karmeliter in Frankfurt nieder. Auch sie bezogen – aufgrund der bereits engen Bebauung im Stadtkern – eine Randlage im Südwesten der Stadt. Durch stetigen Grundstückszukauf wuchs die Klosteranlage innerhalb von 250 Jahren zu einer eindrucksvollen Größe. Die Klosterkirche war zunächst eine schlichte einschiffige Bettelordenskirche mit Holztonne (1270 erste Altarweihe, 1290 Weihe des Chores). Um 1350 erhielt sie ein zusätzliches Querhaus. Unter Prior Peter Spitznagel (1431–43) erfolgte ein Umbau des Chores, der nun eingewölbt und mit den heutigen, vielleicht von Madern Gerthener entworfenen dreibahnigen Maßwerkfenstern ausgestaltet wurde. Um 1450/70 erhielt das Querschiff ein zusätzliches Westschiff und ein aufwändiges Netzgewölbe. Während des 2. Weltkriegs wurde das Gewölbe der Kirche zerstört und beim Wiederaufbau nicht wiederhergestellt. Die Kirche wird heute als „Museum für Vor- und Frühgeschichte – Archäologi-

Archäologisches Museum
Archaeological Museum
Museo Arqueológico
Museo archeologico

CARMELITE MONASTERY – ARCHAEOLOGICAL MUSEUM

Following the Dominicans, the Carmelites became in 1246 the second order to settle in Frankfurt as mendicant monks. Due to the already densely developed core of the town, they too procured a peripheral location to the southwest. Over the next 250 years, through the constant acquisition of additional land the monastery complex grew to an impressive size. The monastery church was initially a plain, single aisle, mendicant order church with wooden barrel vaulting (altar first consecrated in 1270, choir consecrated in 1290). Around 1350, an additional transept was added. From 1431–43, under the direction of Prior Peter Spitznagel alterations were made to the choir, giving it a vaulted ceiling and the current three-part tracery windows, possibly designed by Madern Gerthener. Around 1450–70, the transept was given an extra west aisle and elaborate reticulated vaulting. During the Second World War, the vaulting work in the church was destroyed and was not restored when the church was later rebuilt. Today, the church is used as a 'Museum of Early History and the Prehistoric Era / Archaeological Museum'. To this end, an additional museum wing was built along the Alte Mainzer Gasse in 1987–89. It was designed by the outstanding architect Josef P. Kleihues (1933–2005).

The **Archaeological Museum** exhibits precious objects from the classical ancient world, the Middle East and the old Iran, while also focussing on early historic finds and on the archaeology of Frankfurt and the surrounding region. There are some outstanding items from the Roman period, including finds from excavating the Roman city of NIDA, which covered the present-day district of Heddernheim.

Alongside the church is the late Gothic monastery building (1460–1520), which today has several functions, including that of 'Institut für Stadtgeschichte' (Institute of City History). Directly adjoining the church to the north is the cloister (51 x 24 metres in size), built c. 1500. On the north side of the cloister are the former dormitory and refectory (now archive and exhibition areas). The main things to see here are the murals painted by Jörg Ratgeb of Schwäbisch Gmünd (c.

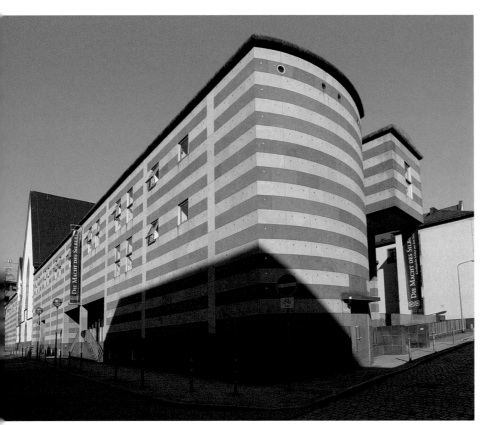

CONVENTO CARMELITA – MUSEO ARQUEOLÓGICO

Después de los Dominicos, se establecieron en 1246 los Carmelitas como segunda orden mendicante de Francfort. En razón de la densa trama urbana tuvieron que instalarse en una zona algo marginal en el sudoeste de la ciudad vieja, aunque por sucesivas compras lograron ampliar considerablemente sus terrenos. La iglesia conventual fue primeramente un sobrio templo de nave única y bóveda de madera (la primera misa en un altar tuvo lugar en 1270, la consagración del coro en 1290). En 1350 se agregó un transepto. En época del prior Peter Spitznagel (1431-43) se hizo la reforma del coro, que ahora fue abovedado y dotado de las ricas ventanas de mainel duplo, acaso debidas a Madern Gerthener. En 1450/70 se agregó al transepto el brazo oeste con una rica bóveda reticulada, perdida en la Segunda Guerra Mundial. La iglesia es utilizada hoy como "museo de Prehistoria e Historia temprana - Museo Arqueológico". Josef P. Kleihues (1933-2005), excelente arquitecto berlinés, construyó en 1987/89 a lo largo de la Alte Mainzer Gasse un moderno y logrado tracto del museo.

El **Museo Arqueológico** muestra valiosos objetos de la Antigüedad Clásica, Cercano Oriente y el antiguo Irán, y como especialidad los hallazgos arqueológicos de la historia temprana de Francfort y alrededores. Algunas piezas sobresalientes datan de la época romana de las excavaciones de NIDA, que se situaba en el actual barrio de Heddernheim. La iglesia conventual se completa con el edificio del monasterio (1460-1520) que es hoy Instituto de historia de la ciudad. Anejo al norte de la iglesia se encuentra el claustro de 51 x 24 mts., construida hacia el 1500. Sobre la galería septentrional se conservanel antiguo dormitorio y refectorio (hoy archivo y sala de exposiciones).

De especial interés son las pinturas murales del pintor Jörg Ratgeb de Schwäbisch-Gmünd (1480/85-1526), que datan de 1514/21 y representan la vida de Jesús. Las pinturas parcialmente dañadas en la guerra tienen un largo de 140 mts. y son las más largas de tema unitario al norte de los Alpes. En la pared sur del Refectorio se encuentra otra pintura de Ratgeb de 30 metros de largo por cuatro de alto, que trata temas de la historia de los carmelitas.

CONVENTO CARMELITANO – MUSEO ARCHEOLOGICO

Dopo l'ordine dei domenicani si stabilì a Francoforte, nel 1246, un secondo ordine mendicante, i Carmelitani. Anche loro, a causa dell'ormai fitta edificazione del territorio cittadino, trovarono posto in una posizione marginale nella parte Sud ovest. Nel corso dei secoli i frati acquistarono gradualmente nuovi lotti ed il convento raggiunse, in 250 anni, una dimensione considerevole. La chiesa del convento era, in origine, una semplice chiesa a navata unica, con volta lignea (1270 prima consacrazione dell'al-

Ehem. Klosterkirche der Karmeliter, 15. Jahrhundert

Former Carmelite monastery, 15th century

Antigua conventual de Carmelitas, s. XV

Ex chiesa del convento carmelitano, XV secolo

sches Museum" genutzt. Dazu entstand 1987–89 entlang der Alten Mainzer Gasse zusätzlich ein gestalterisch ansprechender Museumsflügel nach Plänen des herausragenden Berliner Architekten Josef P. Kleihues (1933–2005).

Das **Archäologische Museum** zeigt wertvolle Objekte der klassischen Antike, des Vorderen Orients und aus dem alten Iran sowie als Schwerpunkt Befunde aus der Frühgeschichte und die Archäologie Frankfurts und Umgebung. Herausragende Stücke stammen aus der Römerzeit mit Grabungsfunden aus der Römerstadt NIDA, die sich an der Stelle des heutigen Stadtteils Heddernheim erstreckte.

Die Klosterkirche wird durch die spätgotischen Klostergebäude (1460–1520) ergänzt (heute u. a. Institut für Stadtgeschichte). Unmittelbar an die Kirche schließt sich nach Norden der um 1500 erbaute Kreuzgang (51 x 24 Meter) an. An ihm liegen im Norden der ehem. Schlaf- bzw. Speisesaal (heute Archiv- und Ausstellungsräume). Bedeutendste Sehenswürdigkeit sind die Wandmalereien des aus Schwäbisch Gmünd stammenden Jörg Ratgeb (um 1480/85–1526). Zwischen 1514 und 1521 schuf er die Malereien im Kreuzgang mit Darstellungen aus dem Leben Jesu. Die im 2. Weltkrieg teilweise zerstörten Malereien von 140 Metern Länge sind die größten zusammenhängenden nördlich der Alpen. Von Ratgeb stammen auch die knapp 30 Meter langen und vier Meter hohen Wandmalereien von 1517 an der Südwand des Speisesaals (Refektorium). Sie zeigen Szenen zur Geschichte des Karmeliterordens.

1480/85– 1526). He produced the murals in the cloister, which show portrayals of the life of Jesus, between 1514 and 1521. Partially destroyed in World War II, at 140 metres in length they are the longest interlinked murals north of the Alps. The murals dating from 1517 on the south wall of the refectory, which are just under 30 metres in length and four metres high, were also painted by Ratgeb. These show scenes from the history of the Carmelite order.

Kreuzgang, um 1500
Cloister, c. 1500
Claustro, hacia 1500
Chiostro, intorno al 1500

Ehem. Klostergebäude,
um 1500
Former monastery building,
c. 1500
Antiguo edificio conventual,
hacia 1500
Ex convento carmelitano, intorno al 1500

tare, 1290 consacrazione del Coro). Nel 1350 fu aggiunto un transetto. Sotto il priore Peter Spitznagel (1431–43) venne modificato il coro, con l'inserimento della volta e delle finestre traforate ancora oggi esistenti, forse progettate da Madern Gerthener. Intorno al 1450/70 fu aggiunta al transetto una navata occidentale e una ricca volta reticolare. Durante la seconda guerra mondiale le volte della chiesa sono andate perdute e non sono più state ripristinate. La chiesa viene oggi utilizzata come "Museo della preistoria e della protostoria – Museo archeologico". In aggiunta è stata edificata una nuova ala museale (1987–89) lungo la Alten Mainzer Gasse, su progetto del famoso architetto berlinese Josef P. Kleihues (1933–2005).

Il museo archeologico mostra preziosi reperti dell'antichità classica, del vicino Oriente e provenienti dal vecchio Iran. Al centro dell'interesse della collezione si pongono testimonianze materiali riguardanti la protostoria e l'archeologia della città e del territorio circostante. Di particolare valore sono alcuni reperti di epoca romana appartenenti alla città antica di Nida,

che sorgeva sul luogo dell'odierno quartiere di Heddernheim.

Alla chiesa si aggiungono gli edifici conventuali tardo gotici (1460–1520), oggi occupati, tra l'altro, dall'Istituto per la storia urbana. Direttamente affiancato alla chiesa si trova, a Nord, il chiostro (51 x 24 metri) costruito intorno al 1500. A Nord sono collocati i locali che ospitavano il refettorio e il dormitorio, oggi destinati ad archivio e a stanze espositive. Di grande interesse sono i dipinti murari realizzati intorno al 1480/85–1526 dall'artista Jörg Ratgeb, proveniente da Schwäbisch Gmünd. Tra il 1514 ed il 1521 egli dipinse nel chiostro scene della vita di Gesù. Le pitture, parzialmente distrutte durante la seconda guerra mondiale, si snodano su 140 metri di parete e sono il ciclo più vasto conservatosi a Nord delle Alpi. Sempre riconducibili a Ratgeb sono i dipinti realizzati sulla parete Sud del refettorio intorno al 1517, che si estendono su una superficie di circa 30x4 metri e rappresentano alcuni momenti della storia dell'ordine carmelitano.

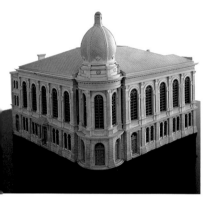

JÜDISCHES MUSEUM

Das Jüdische Museum Frankfurt ist in dem 1820/21 erbauten und seit 1846 im Besitz der Familie Rothschild befindlichen klassizistischen Palais am Mainufer untergebracht, das schon aufgrund seiner Innenausstattung sehenswert ist. Die Sammlung beleuchtet die Geschichte der jüdischen Gemeinden in Deutschland unter besonderer Berücksichtigung der Gegebenheiten in Frankfurt. Zudem liefert das Museum einen Einblick in die religiöse Kultur der jüdischen Gemeinschaft. Zu den Exponaten gehören historische Gemälde, Druckgrafiken, Fotos, Faksimiles illustrierter hebräischer Handschriften und Kultgeräte – besonders bemerkenswert ist die Sammlung von Chanukkaleuchtern.

JEWISH MUSEUM

Frankfurt's Jewish Museum is housed in a classic, palatial building on the northern bank of the Main. Built in 1820/21 and in the possession of the Rothschild family since 1846, it is worth seeing for its interior fittings alone. The museum's collection illustrates the history of Jewish communities in Germany, focussing in particular on the situation in Frankfurt. The museum also gives an insight into the religious culture of the Jewish community. The exhibits include historic paintings, prints, photographs, facsimiles of illustrated Hebrew manuscripts and cult items. Especially worthy of note is the collection of Chanukah lights.

MUSEO JUDÍO

El museo se aloja en en un palacio clasicista a orillas del Meno construído en 1820/21 y que perteneció desde 1846 a la familia Rothschild. Ya por su propio amoblamiento es digno de verse. La colección explica la historia de las comunidades judías en Alemania, en especial las circunstancias específicas en Francfort. También ofrece una visión de la cultura religiosa de esta comunidad. Las piezas expuestas van desde cuadros históricos, grabados, fotos, facsímiles de escrituras hebreas y objetos de culto, en especial la colección de candelabros de canuca.

MUSEO EBRAICO

Il Museo ebraico di Francoforte è ospitato nel palazzo neoclassico costruito nel 1820/21 sulla riva del Meno, dal 1846 in possesso della famiglia Rothschild. Esso merita una visita anche solo per gli arredi. La raccolta illustra la storia delle comunità ebraiche in Germania con particolare riferimento alla situazione di Francoforte. Il museo offre, inoltre, uno spaccato della cultura religiosa ebraica. Tra gli oggetti esposti si trovano dipinti storici, stampe, foto, facsimili di manoscritti ebraici illustrati e strumenti per il culto – particolarmente notevole è la collezione di candelabri Chanukkà (a nove braccia, per la celebrazione della festa ebraica delle luci).

HAUPTWACHE + CITY-NORD

HAUPTWACHE

Zu den Wahrzeichen Frankfurts gehört die Hauptwache, ein einstöckiges Bauwerk mit hoch aufragendem Mansarddach von Johann Jakob Samheimer. Der Bau war 1729/30 anstelle eines hölzernen Vorgängerbaus von 1671 als Wachstation für die Frankfurter Miliz, einer Bürgerwehr, errichtet worden. 1968 wurde die Hauptwache aufgrund der U-Bahn abgetragen und mit gering verändertem Standort wiederaufgebaut worden. Das Relief von Johann Bernhard Schwarzenberger am Giebel des Mittelrisalits zeigt das Stadtwappen zwischen Trophäen, nämlich Waffen und Fahnen.

One of Frankfurt's main landmarks is the Hauptwache (Main Guardhouse), a single-storey building with a towering mansard roof, designed by Johann Jakob Samheimer. Replacing a previous wooden structure dating from 1671, the Hauptwache was built in 1729/30 as a guardhouse for the Frankfurt militia, a civilian defence force. Due to work on the underground, the Hauptwache was moved in 1968 and rebuilt in a slightly altered position. The relief by Johann Bernhard Schwarzenberger on the gable of the central risalit shows the city's coat of arms between a number of trophies, namely weapons and flags.

Es uno de los símbolos de Francfort, con su construcción de piso único y alto tejado de mansarda, debidos a Johann Jakob Samheimer. El edificio se hizo en 1729/30 reemplazando una obra anterior de madera, como estación de Guardia para la milicia urbana, que era una defensa autoorganizada por los burgueses. En 1968, cuando se construyó el subterráneo, la Hauptwache tuvo que ser desmontada y luego reconstruída a unos pocos metros de su emplazamiento original. El relieve del tímpano del restalte central lo hizo Johann Bernhard Schwarzenberger y muestra el escudo de Francfort enmarcado por trofeos (armas y banderas).

Uno dei simboli di Francoforte è la *Hauptwache*, un edificio ad un piano con alto tetto a mansarda, opera di Johann Jakob Samheimer. Costruito nel 1729/30 al posto di un edificio ligneo risalente al 1671, serviva come stazione di guardia per la milizia di Francoforte, un corpo di difesa civile. Nel 1968 la *Hauptwache*, a causa della metropolitana, venne smontata e ricostruita poco lontano. Il bassorilievo di Johann Bernhard Schwarzenberger, posto sul timpano dell'avancorpo centrale, mostra il blasone della città tra trofei, armi e bandiere.

KATHARINENKIRCHE

Die Katharinenkirche, in unmittelbarer Nähe zur Hauptwache gelegen, wurde 1678–81 unter Leitung von Melchior Heßler erbaut. Der Vorgängerbau war eine bis 1353 errichtete Klosterkirche für ein 1526 aufgehobenes Nonnenkloster.

Die heutige Kirche ist ein stattlicher Neubau in städtebaulich wichtiger Lage, der stilistisch am Übergang von der Nachgotik, die für den Kirchenbau nördlich der Alpen noch gängig war, zum frühen Barock steht, der im Profanbau bereits gängigen Bauweise. Daher bestimmen barock-gotische Formen die Bauweise: die Gotik für Strebepfeiler und Maßwerkfenster, die jedoch bereits rundbogig ausgeführt sind, und der Barock für den Turmhelm und die Portale.

Historisch ist der Ort bedeutsam, da hier 1522 Hartmann Ibach erstmals in Frankfurt lutherisch predigte, was zur Auflösung des Frauenkonvents geführt hatte. Seitdem ist die Katharinenkirche die evangelische Hauptkirche der Stadt. Johann Wolfgang von Goethe wurde hier getauft.

ST. CATHERINE'S CHURCH

The Katharinenkirche, situated very near to the Hauptwache (Main Guardhouse), was built in 1678–81 under the direction of Melchior Hessler. The previous building, completed in 1353, was a church built for a convent, which was dissolved in 1526. The current church is a new, stately structure that reflects stylistically the transition from late Gothic, which was still in vogue for ecclesiastical architecture north of the Alps, to early Baroque, then already the popular architectural style for secular buildings. Baroque/Gothic styles therefore define the way in which the church was built: Gothic for the buttresses and tracery windows, which are nevertheless already in a rounded arch design, and Baroque for the top of the tower and the doors.

The site is of historic importance, as it was here that in 1522 Hartmann Ibach preached the Lutheran creed for the first time in Frankfurt, which led to the dissolution of the convent. Since that time, St. Catherine's has been the city's main Protestant church. It is also the church in which Johann Wolfgang von Goethe was baptised.

IGLESIA DE SANTA CATALINA

Situada en inmediata vecindad de la Hauptwache, fue construida en 1678/81 bajo la dirección de Melchior Hessler. La iglesia antecesora era una conventual de monjas erigida en 1353, que fue desacularizada en 1526. La iglesia actual es un edificio de considerables proporciones, ubicado en un lugar estratégico de la planta urbana. Estilísticamente marca el pasaje del postgótico propio del Norte de los Alpes al barroco temprano, que ya se había establecido en la construcción civil. Formas de dos orígenes determinan el exterior: gótico para contrafuertes y ventanas de tracería - aunque de medio punto - y barroco para el chapitel de la torre y los portales.

Históricamente el lugar es de importancia, ya que Hartmann Ibach pronunció aquí en 1522 por primera vez una prédica luterana, lo que precipitó la disolución del convento de monjas. Desde entonces es ésta la principal iglesia evangélica de la ciudad. Goethe fue bautizado aquí.

CHIESA DI S. CATERINA

La Chiesa di S. Caterina, situata nelle immediate vicinanze della *Hauptwache*, venne edificata nel 1678–81 sotto la direzione di Melchior Heßler. L'edificio precedente era una chiesa conventuale terminata nel 1353 per un monastero femminile soppresso nel 1526.

L'attuale chiesa è un edificio di nuova costruzione, situato in un'importante posizione all'interno del tessuto urbano, stilisticamente al passaggio tra il tardo gotico, allora ancora comune a Nord delle Alpi, ed il primo barocco, che era già usuale per gli edifici civili. Per questo forme gotico-barocche caratterizzano la costruzione: il gotico i contrafforti e le finestre traforate, che sono però già a tutto sesto; il barocco la cuspide della torre ed i portali.

Dal punto di vista storico il luogo è significativo perché nel 1522 Hartmann Ibach vi tenne la prima predica luterana di Francoforte, che avrebbe portato alla soppressione del convento. Da allora la chiesa di S. Caterina è la principale chiesa evangelica della città. Goethe venne qui battezzato.

latz um die
Hauptwache
Foto: Thomas
Wolf)

PALAISQUARTIER

Das PalaisQuartier, das durch die Architekten KSP Engel und Zimmermann (Hochhäuser) sowie Massimiliano Fuksas in den Jahren von 2003 bis 2009 errichtet wurde, besteht aus einem Bürogebäude von 136 m und einem Hotel von 96 m Höhe, dem Einkaufszentrum MyZeil sowie dem rekonstruierten Palais Thurn und Taxis. Fürst Anselm Franz von Thurn und Taxis hatte die wichtigste kaiserliche Poststation als spätbarocke Dreiflügelanlage 1731 bis 1741 durch die Architekten Robert de Cotte und Guillaume d'Hauberat errichten lassen. Das Gebäude diente 1816 bis 1886 als Sitz des Deutschen Bundestages. Nach Kriegsschäden 1944/45 war nur die Toranlage erhalten geblieben, die nun wieder um das rekonstruierte Gebäude ergänzt wurde.

The PalaisQuartier, which was built by the architects KSP Engel und Zimmermann (high-rise buildings) as well as Massimiliano Fuksas in the period from 2003 to 2009, consists of an office building with a height of 136 m and a hotel with a height of 96 m, the MyZeil shopping mall, and the reconstructed Palais Thurn und Taxis. Prince Anselm Franz von Thurn und Taxis had the most important imperial postal station built as a late baroque triple-winged structure by the architects Robert de Cotte and Guillaume d'Hauberat from 1731 to 1741. The building served as the seat of the German Bundestag from 1816 until 1886. After the main building was damaged in the war in 1944/45, only the gates remained, which now again complement the reconstructed building.

El PalaisQuartier, que fue construido por KSP Engel und Zimmermann Architects (rascacielos) y por Massimiliano Fuksas entre los años 2003 y 2009, consta de un edificio de oficinas de 136 m de altura y de un hotel de 96 m, así como del centro comercial MyZeil y del reconstruido Palacio Thurn und Taxis. El Príncipe Anselm Franz von Thurn und Taxis permitió la construcción de la posta imperial más importante en forma de estructura de tres alas perteneciente al barroco tardío a los arquitectos Robert de Cotte y Guillaume d'Hauberat entre los años 1731 y 1741. Entre 1816 y 1886, el edificio fue la sede de la cámara baja del parlamento alemán y, tras los da-ños provocados por la guerra en 1944/45, sólo se mantuvo en pie el pórtico, que ahora ha vuelto a añadirse al edificio reconstruido.

Il PalaisQuartier, costruito dagli architetti KSP Engel e Zimmermann (grattacieli) nonché da Massimiliano Fuksas negli anni tra il 2003 e il 2009, è composto da un edivicio per uffici di 136 m e da un hotel di 96 m di altezza, dal centro commerciale MyZeil e dal palazzo ricostruito di Thurn und Taxis. Il Principe Anselm Franz von Thurn und Taxis fece costruire la stazione postale imperiale più importante dagli architetti Robert de Cotte e Guillaume d'Hauberat, che realizzarono una struttura tardo-barocca a tre ali tra il 1731 e il 1741. Tra il 1816 e il 1886 l'edificio ospitò il Parlamento federale tedesco. Dopo i danni di guerra del 1944/45 rimase conservata solo la struttura con il portone; ora è stato ricostruito l'intero edificio.

GOETHEHAUS

Johann Wolfgang von Goethe (1749–1832) wurde am 28. August als Sohn des kaiserlichen Rats Johann Caspar Goethe und seiner Gemahlin Katharina Elisabeth am Hirschgraben in Frankfurt geboren. Das Goethehaus mit seiner Einrichtung aus der Zeit Goethes und das angeschlossene Museum mit seiner bemerkenswerten Sammlung an Ölgemälden (u. a. von C. D. Friedrich, J. H. Füssli und C. Blechen) erinnern an den berühmtesten Sohn der Stadt. Das Goethehaus gibt den Zustand wieder, nachdem Goethes Vater 1755/56 die ursprünglich aus zwei Häusern bestehende Straßenbebauung mit Sichtfachwerk des 16. Jahrhunderts unter Beratung von Johann Friedrich Uffenbach zu einem Gebäude mit einheitlicher Fassade umbauen ließ. Die Geschossvorkragungen verraten, dass es sich um einen verputzten Fachwerkbau handelt. Nach dem Jurastudium in Leipzig und Straßburg lebte hier Goethe als Advokat, bis er 1772 nach Wetzlar bzw. Weimar ging. In Frankfurt entstanden der „Urfaust" und „Götz von Berlichingen".

Nach der Vernichtung im 2. Weltkrieg wurde das Gebäude 1946–49 im alten Stil authentisch neu aufgebaut. Die im Krieg ausgelagerte Einrichtung ist original.

GOETHEHAUS

Johann Wolfgang von Goethe (1749–1832) was born on 28th August as the son of imperial councillor Johann Caspar Goethe and his wife Katharina Elisabeth at their house on Hirschgraben in Frankfurt. The 'Goethehaus', with its furnishings from Goethe's era, and the adjoining museum, with its notable collection of oil paintings (including works by C. D. Friedrich, J. H. Füssli and C. Blechen), stand as a memory to the city's most famous son. The appearance of the Goethehaus reflects Goethe's father having had the two original 16th century houses with exposed half-timbering converted on the advice of Johann Friedrich Uffenbach into one building with a uniform façade in 1755/56. The forward projection of each floor gives away the fact that it is a half-timbered building that has been plastered over. After studying law in Leipzig and Strasbourg, Goethe lived here as a barrister until he moved on in 1772 to Wetzlar and then Weimar. His 'Urfaust' and 'Götz von Berlichingen' were written in Frankfurt.

After being destroyed in the Second World War, the building was rebuilt true to the original old style in 1946–49. The furnishings, which were moved into store during the war, are original.

CASA DE GOETHE

Johann Wolfgang Goethe vino al mundo el 28 de agosto de 1749 en la casa paterna del Hirschgraben. Fueron sus padres el Consejero imperial Johann Caspar y Katharina Elisabeth Goethe. La casa con su amoblamiento de época, el museo anexo y su notable colección de pintura (C. D. Friedrich, J. H. Füssli y C. Blechen) recuerda al más ilustre hijo de la ciudad. Su arquitectura reproduce la reforma que hiciera hacer su padre, unificando con una fachada homogénea dos casas entramadas del siglo XVI, tarea supervisada por Johann Friedrich Uffenbach. Los salidizos entre los pisos revelan que se trata de un entramado con revoque. Después del estudio de abogacía en Leipzig y Estrasburgo, Goethe vivió aquí ejerciendo como jurista, hasta que en 1772 partió a Wetzlar y más tarde a Weimar. En Francfort escribió el "Fausto" y "Götz von Berlichingen".
Después de su destrucción durante la guerra, la casa fue fielmente reconstruída entre 1946 y 1949. El mobiliario puesto a salvo de la destrucción es todavía el original.

CASA DI GOETHE

Johann Wolfgang von Goethe (1749–1832) nacque a Francoforte il 28 Agosto da Johann Caspar Goethe, consigliere imperiale, e dalla consorte Katharina Elisabeth presso Hirschgraben. La casa di Goethe, con il suo arredo risalente al tempo del grande letterato e l'annesso museo con una considerevole collezione di dipinti ad olio (tra gli altri di C. D. Friedrich, J. H. Füssli e C. Blechen), ricordano il più illustre cittadino di Francoforte. La casa di Goethe si presenta nello stato in cui la lasciò il padre di Goethe dopo che, nel 1755/56, consigliato e assistito da Johann Friedrich Uffenbach, aveva fatto trasformare gli originari due edifici del XVI secolo, caratterizzati da struttura lignea a vista, in una singola costruzione dalla facciata unitaria. Le sporgenze dei singoli piani rivelano che si tratta di una *Fachwerkhaus* intonacata. Dopo gli studi universitari in legge svolti a Lipsia e Strasburgo, Goethe visse qui come avvocato fino a che, nel 1772, si trasferì a Wetzlar e Weimar. A Francoforte scrisse l'*Urfaust* e *Götz von Berlichingen*.
Dopo la distruzione durante la seconda guerra mondiale, l'edificio venne ricostruito nel 1946–49 nello stile originario. L'arredo, messo al sicuro durante la guerra, è autentico.

Goethehaus, 1946–49, ursprünglich 16. Jahrhundert und 1755–56
Goethehaus, 1946–49, originally 16th century and 1755–56
Casa de Goethe, 1946–49, originalmente s. XVI y 1755–56
Casa di Goethe, 1946–49, in origine risalente al XVI secolo e al 1755–56

PAULSKIRCHE

Nördlich des Rathauses steht die Paulskirche. Sie geht auf ein Franziskanerkloster zurück, das ab 1271 errichtet worden war und dessen Kirche 1529 mit der Reformation Frankfurts erste protestantische Pfarrkirche wurde. Doch 1786 ließ Stadtbaumeister Johann Andreas Liebhardt die mittelalterliche Kirche für einen Neubau abbrechen, mit dem aber erst ab 1790 sein Nachfolger Johann Friedrich Christian Heß begann. Nach mehreren Unterbrechungen wurde der klassizistische Zentralbau mit Fassadenturm und elliptischem Plenarsaal 1833 vollendet. 1848 und 1849 versammelte sich hier der Deutsche Bundestag, um unter demokratischen Vorzeichen über die Vereinigung Deutschlands zu debattieren. Dadurch ist die Paulskirche ein außerordentlich bedeutsames Denkmal der Wiedervereinigung und der Demokratie Deutschlands. Den Wiederaufbau nach dem Krieg leitete 1948–49 Rudolf Schwarz.

Vor der Kirche steht das Einheitsdenkmal von 1903, ein Obelisk von Fritz Hessemer mit Reliefs von Hugo Kaufmann.

ST. PAUL'S CHURCH

To the north of the town hall is the Paulskirche (St. Paul's Church). It dates back to a Franciscan monastery, which had been established in 1271, with its church becoming Frankfurt's first Protestant church in 1529 as a result of the Reformation. In 1786, however, the city's master builder, Johann Andreas Liebhardt, had the medieval church pulled down to accommodate a new one, work on which was not started until 1790 by his successor Johann Friedrich Christian Hess. After many interruptions, the classical central structure with its front tower and the oval plenary hall were completed in 1833. In 1848 and 1849, the Deutsche Bundestag (German National Assembly) met here under democratic auspices to debate the unification of Germany. St. Paul's Church is therefore an extraordinarily important monument to German reunification and democracy. After the war, the church was rebuilt in 1948–49 under the direction of Rudolf Schwarz.

In front of the church is the 1903 Einheitsdenkmal (Unity Monument), an obelisk by Fritz Hessemer with reliefs by Hugo Kaufmann.

IGLESIA DE SAN PABLO

Se sitúa al norte del Römer. Sus orínenes fueron un convento franciscano construído a partir de 1271, cuya iglesia pasó a ser con la Reforma en 1529 la primera iglesia protestante de la ciudad. Mandada a demoler en 1786 por el Arquitecto del Consejo comunal, Johann Andreas Liebhardt, recién se empezó el nuevo edificio cuatro años más tarde. A cargo de su sucesor Johann Friedrich Christian Hess. Después de varias interrupciones se pudo terminar en 1833 como construcción clacisista de planta central elíptica. En 1848/49 se reunió aquí el Parlamento Alemán, para debatir sobre la unificación de Alemania en condiciones democráticas. Por ello la iglesia tiene alta significación como monumento de la Unificación y la Democracia alemanas. La reconstrucción de posguerra se debe a Rudolf Schwarz 1948/49.

CHIESA DI S. PAOLO

A Nord del municipio si trova la Paulskirche. Essa si collega ad un monastero francescano costruito a partire 1271 e la cui chiesa, nel 1529, con l'avvento della Riforma a Francoforte, divenne la prima parrocchia protestante della città. Nel 1786 l'architetto responsabile delle opere pubbliche cittadine, Johann Andreas Liebhardt, fece abbattere la chiesa medievale in favore della costruzione di un nuovo edificio che fu però iniziato solo nel 1790 dal suo successore Johann Friedrich Christian Heß. Dopo numerose interruzioni l'edificio neoclassico a pianta centrale, caratterizzato da una torre di facciata e da una sala plenaria ellittica, fu completato nel 1833. Nel 1848 e 1849 si riunì qui la dieta federale tedesca, per dibattere l'unificazione della Germania. Per questo la Paulskirche è un monumento eccezionalmente significativo della riunificazione e della democrazia tedesche. La ricostruzione dopo la guerra fu diretta, nel 1948–49, da Rudolf Schwarz.

LIEBFRAUENKIRCHE

CHURCH OF OUR LADY

Nördlich des Römerbergs schließt sich der Lieb-frauenberg mit seiner Liebfrauenkirche und einer Platzanlage an, die im Mittelalter unter anderem als Pferdemarkt genutzt wurde und auf der der Liebfrauenbrunnen (1770/71) steht.

Als Kapelle um 1318 gegründet, 1325 zur Kollegiats-Stiftskirche erhoben und 1344 nach Westen erweitert, entstand um 1420/25 wahrscheinlich unter Leitung von Madern Gerthener das südliche Seitenschiff mit großen, eng stehenden Maßwerkfenstern als Schaufront zum Markt. Es ist ein eindrucksvolles Beispiel gotischer lichtdurchbrochener Architektur. 1430 erfolgten der Anbau einer 2. Sakristei (heute Anbetungskapelle), 1453 die Errichtung des Turms (1770 erneuert) und 1506–09 die Erneuerung und Vergrößerung des Chores. Nach schweren Zerstörungen im 2. Weltkrieg stellte man die gotischen Gewölbe des dreischiffigen Langhauses aus der Mitte des 14. Jahrhunderts nicht wieder her, sondern wählte für die Hallenkirche eine Flachdecke.

Adjoining the Römerberg to the north is Liebfrauenberg (Our Lady's Hill) with the Liebfrauenkirche (Church of Our Lady) and an open square, which was used in the Middle Ages as, among other things, a horse market. In the middle of the square is the Liebfrauenbrunnen (Fountain of Our Lady) from 1770/71.

The church was first established as a chapel in 1318, made a collegiate church in 1325 and extended to the west in 1344. Around 1420/25, probably under the direction of Madern Gerthener, the southern side aisle with large, narrowly separated tracery windows was built as a grand frontage onto the market place. It is an impressive example of Gothic open-work architecture. In 1430, the second sacristy (now the Chapel of Worship) was added. In 1453, the tower was built (replaced in 1770), and in 1506–09 the choir was replaced and enlarged. After suffering severe damage in the Second World War, the mid-14th century Gothic vaulting in the nave was not restored but substituted by a flat ceiling.

Liebfrauenkirche, Dreikönigs-tympanon, wohl von Madern Gerthener, um 1420

Liebfrauenkirche, Three Magi tympanum, thought to be by Madern Gerthener, c. 1420

Nuestra Señora, Tímpano de los Reyes Magos, atribuido a Madern Gerthener, hacia 1420

Liebfrauenkirche, timpano dei Re Magi, probabilmente di Madern Gerthener, intorno al 1420

IGLESIA DE NUESTRA SEÑORA

Al norte de la elevación del Römer se sitúa otra elevación, la de Nuestra Señora, con su iglesia homónima. La correspondiente plaza se utilizaba en el Medioevo como mercado de caballos. Allí se levanta la fuente e Nuestra Señora (1770/71).

Fundada como capilla en 1318, se elevó a colegiata en 1325, ampliándose hacia el oeste en 1344. La nave lateral del sur con su apretada fila de ventanas de tracerías sobre la plaza se hizo entre 1420/25, quizás bajo dirección de Madern Gerthener. Es un buen ejemplo de arquitectura gótica generosamente abierta en ventanas. En 1430 tuvo lugar la construcción de una segunda sacristía (hoy capilla de oración), mientras que la torre se hizo en 1453 (renovada en 1770) y el coro se amplió en 1506/09. Después de los graves daños de la Guerra, no se reconstruyó el abovedamiento, siendo reemplazado por un plafón de madera.

CHIESA DI NOSTRA SIGNORA

A Nord del Römerberg si trova il Liebfrauenberg (colle di Nostra Signora) con la sua Liebfrauenkirche (chiesa di Nostra Signora) e una piazza che, durante il Medioevo, veniva utilizzata, fra l'altro, come mercato dei cavalli e sulla quale si trova la fontana di Nostra Signora (1770/71). Fondata come cappella intorno al 1318, innalzata al rango di collegiata (1325) e, nel 1344, ampliata a Ovest, intorno al 1420/25, probabilmente sotto la direzione di Madern Gerthener, fu costruita la navata laterale Sud, la cui fronte verso il mercato è caratterizzata da grandi e ravvicinate finestre traforate. E' un esempio significativo di architettura gotica permeata di luce. Nel 1430 fu costruita una seconda sacrestia (oggi Cappella dell'adorazione), al 1453 risale l'edificazione della torre (rinnovata nel 1770) e al 1506–09 il rinnovamento e l'ampliamento del coro. Dopo gravi distruzioni subite durante la seconda guerra mondiale le volte gotiche delle tre navate risalenti alla metà del XIV secolo non vennero ricostruite e si decise di inserire nella chiesa un soffitto piano.

BÖRSE

Nach Plänen von Heinrich Burnitz und Oskar Sommer wurde 1874–79 die heutige Börse errichtet, dessen repräsentative neobarocke Fassade des Kernbaus mit aufwändigem Skulpturenprogramm erhalten ist. Die ursprünglich eingeschossigen Flügelbauten mit zweigeschossigen Eck-Kuppelpavillons, die den Bau von 1879 zu einer Fassadenlänge von 109 Metern ergänzten, wurden 1930 durch eine dreigeschossige Bebauung ersetzt.

STOCK EXCHANGE

The present-day stock exchange (Börse) was built in 1874–79 to plans by Heinrich Burnitz and Oskar Sommer. The core building's impressive neo-Baroque façade with its comprehensive series of sculptures remains preserved. The originally single-storey wings of the stock exchange with double-storey domed corner pavilions, which extended the façade of the 1879 building to a length of 109 metres, were replaced in 1930 by a three-storey structure.

BOLSA

Construída en 1847–79 según planos de Heinrich Burnitz y Oskar Sommer, muestra su fachada neobarroca principal dotada de un ambicioso programa de esculturas. Las alas laterales originariamente de una única planta, que daban al edificio un largo de 109 mts., fueron reemplazadas en 1930 por otras de doble piso.

BORSA

Nel 1874–79 fu costruita, su progetto di Heinrich Burnitz e Oskar Sommer, la Borsa, della quale si è conservata l'imponente facciata neobarocca con una complessa composizione scultorea. I corpi laterali, originariamente ad un piano e dotati di padiglioni angolari a due piani (aggiunti nel 1879, a prolungare l'edificio fino a raggiungere una lunghezza complessiva di 109 metri), sono stati sostituiti, nel 1930, da costruzioni di tre piani.

ESCHENHEIMER TURM

Von der Stadtbefestigung des 14. und 15. Jahrhunderts mit 60 Wehrtürmen blieben nach deren Schleifung 1805–1810 nur der Rententurm am Saalhof, der Kuhhirtenturm in der Großen Rittergasse in Sachsenhausen und der Eschenheimer Turm nördlich der Hauptwache erhalten. Der Eschenheimer Turm war zwischen 1400 und 1428 unter Beteiligung von Madern Gerthener erbaut worden, der geschickt auf das im Grundriss quadratische Torgeschoss einen zylindrischen Rundturm setzte, was fortifikatorische und gestalterische Vorteile brachte. Gleichfalls stammen die Reliefs mit dem Reichsadler bzw. Stadtadler von Gerthener.

The city fortifications of the 14th and 15th century had 60 watchtowers. After the fortifications were razed in 1805–1810, the only towers remaining were the Rententurm next to the Saalhof, the Kuhhirtenturm on Grosse Rittergasse in Sachsenhausen and the Eschenheimer Turm north of the Haupwache. Eschenheim Tower was built between 1400 and 1428 with the involvement of Madern Gerthener, who skilfully set a cylindrical round tower on top of the square base city gate section. This had advantages both in terms of fortification and design.

Del cinturón de murallas de los ss. XIV y XV con sus 60 torres sólo quedaron después de la demolición de 1805/10 tres torres: la Rententurm junto al Saalhof, la Kuhhirtenturm de la calle Grosse Rittergasse en Sachsenhausen y la torre de Eschenheim, ubicada al norte de la Hauptwache. Esta última se erigió entre 1400 y 1428 con la participación de Madern Gerthener, quien con gran habilidad colocó un cilindro sobre el prisma rectangular del portal, lo que traía ventajas militares y estéticas.

Del sistema difensivo cittadino risalente al XIV e al XV secolo, dotato di 60 torri, rimasero, dopo lo smantellamento nel 1805–1810, solo la *Rententurm* presso lo *Saalhof*, la *Kuhhirtenturm* nella Große Rittergasse presso Sachsenhausen e la torre Eschenheim, a Nord della Hauptwache. La torre Eschenheimer era stata costruita tra il 1400 ed il 1428 con la collaborazione di Madern Gerthener che, sulla base a pianta quadrata, collocò una torre cilindrica, scelta vantaggiosa dal punto di vista estetico e difensivo. Anche i bassorilievi con l'aquila, simbolo della città e dell'impero, sono riconducibili a Gerthener.

ALTE OPER

Nach dem Vorbild der Pariser Oper entwarf Richard Lucae 1873 im Stil der Hochrenaissance die Frankfurter Alte Oper, die nach dessen Tod bis 1880 unter der Leitung von Albrecht Becker und Eduard Giesenberg vollendet werden konnte. Mit antikisierender Gliederung, flachem Satteldach, Dreiecksgiebeln und aufwändigster Bauplastik präsentiert sich das neben dem Hauptbahnhof bedeutendste Baudenkmal des Historismus in Frankfurt in städtebaulich exponierter Lage auf dem weitläufigen Opernplatz als monumentaler Kultur- und Musentempel.

OLD OPERA HOUSE

Following the example of the Paris Opera House, Richard Lucae designed Frankfurt's Old Opera House in High Renaissance style in 1873. After his death, construction continued under the direction of Albrecht Becker and Eduard Giesenberg, and was completed in 1880. Along with the main railway station, the Alte Oper is the most important architectural monument of the historism style in Frankfurt. With its classical lines, low double pitch roof, triangular gables and highly elaborate sculptures, it stands as a monumental temple to culture and the muses in a position clear of other buildings on the sweeping Opernplatz.

VIEJA ÓPERA

Según el modelo ideal de la Ópera de París, diseñó Richard Lucae en 1873 la Vieja Ópera de Francfort, en estilo historicista ecléctico. Después de su muerte en 1880 Albrecht Becker y Eduard Giesenberg se abocaron a completarla. Con una articulación antiquizante, un abatido tejado a dos aguas, frontones triangulares y rica escultura, se presenta como el mayor monumento del historicismo en Francfort. Ocupa un lugar urbanísticamente privilegiado, sobre la amplia plaza de la Ópera, un verdadero templo de la cultura y las musas.

VECCHIA OPERA

Nel 1873, Richard Lucae progettò in stile rinascimentale, su modello dell'opera parigina, la Alte Oper. Essa poté essere completata solo nel 1880, dopo la sua morte, sotto la direzione di Albrecht Becker e Eduard Giesenberg. La costruzione antecheggiante, situata in posizione prominente sull'ampia piazza come monumentale tempio alla cultura e alle muse, è caratterizzata dal tetto a capanna a bassa pendenza, i timpani triangolari e un complesso programma scultoreo, e costituisce, insieme alla stazione centrale, la più importante testimonianza dello storicismo a Francoforte.

BANKENVIERTEL • BANKING DISTRICT
BARRIO BANCARIO • QUARTIERE DELLE BANCHE

Zwischen Alter Oper und Hauptbahnhof liegt das Bankenviertel mit seiner für Deutschland einzigartigen Hochhausbebauung. Das mit 259 Metern höchste Bürogebäude Europas ist das 1997 fertiggestellte Commerzbank-Hochhaus (Große Gallusstraße 19) von Sir Norman Foster. Besonders eindrucksvoll sind die Zwillingstürme der Deutschen Bank (Taunusanlage 12) von 155 Metern Höhe der Architekten Walter Hanig, Heinz Scheid und Johannes Schmidt. Von besonderer Ästhetik ist auch der als gläserner Rundturm ausgeführte Main Tower (1997–99) von Peter P. Schweger, dessen 198 Meter hohe Plattform als Aussichtspunkt für die Öffentlichkeit zugänglich ist. Aufgrund seiner Filigranität und seines „Strahlenkranzes" als Turmkrönung gehört auch das Hochhaus der DZ Bank (ehemals DG Bank) (1991–93) von Kohn, Pedersen und Foy mit 208 Metern Höhe zu den herausragenden Bauten.

Entre la Vieja Ópera y la estación de trenes se sitúa el barrio bancario, con sus rascacielos únicos en Alemania. El edificio de oficinas más alto de Europa es la torre del Commerzbank, terminado en 1997 con sus 259 mts. de altura (Grosse Gallusstrasse 19), según planos de Sir Norman Foster. Impresionantes son las torres gemelas del Banco Alemán (Deutsche Bank, Taunusanlage 12), de 155 mts. de altura). Sus arquitectos fueron Walter Hanig, Heinz Scheid y Johannes Schmidt. De convincente estética es la torre rodonda de cristal del Main-Tower (1997/99) de Peter P. Schweger, cuya pataforma a 198 mts. de altura es accesible al público. Por su aspecto afiligranado y su "corona de rayos" como remate de la torre, se destaca también el Banco DZ (anteriormente DG-Bank, 1991/93), diseñado por Kohn, Pedersen y Foy con una altura de 208 mts.

Between the Alte Oper and the main railway station is the banking district with its – for Germany – unique cluster of highrise buildings. At 259 metres high, the tallest office block in Europe is Norman Foster's Commerzbank Tower (19 Große Gallusstraße), completed in 1997. Also particularly impressive are the 155-metre high twin towers of the Deutsche Bank (12 Taunusanlage), designed by architects Walter Hanig, Heinz Scheid and Johannes Schmidt. Peter P. Schweger's Main Tower (1997–99) with its round glass design is also especially eye-catching, and has a viewing platform at a level of 198 metres that is open to the public. By virtue of its ornamental style and 'radiant crown', the 208-metre high skyscraper of the DZ Bank (formerly DG Bank), designed by Kohn, Pedersen and Foy, is also one of the district's outstanding buildings.

Tra la Alte Oper e la stazione centrale si trova il quartiere delle banche con i suoi numerosi grattacieli, unici in Germania. L'edificio per uffici più alto d'Europa (259 metri) è il grattacielo della Commerzbank (Große Gallusstraße 19), completato nel 1997 da Sir Norman Foster. Particolarmente significative sono le torri gemelle della Deutsche Bank (Taunusanlage 12) alte 155 metri, opera degli architetti Walter Hanig, Heinz Scheid e Johannes Schmidt. Straordinariamente riuscita dal punto di vista estetico è anche la torre di vetro cilindrica "Main Tower" (1997–99) di Peter P. Schweger, la cui piattaforma, situata a 198 metri di altezza, è accessibile al pubblico come terrazza panoramica. Tra gli edifici più notevoli va annoverato anche il grattacielo della DZ Bank (ex DG Bank), caratterizzato da un aspetto filigranato e da una "corona di acciaio" a completamento della torre (1991–93, altezza 208 metri), opera di Kohn, Pedersen e Foy.

Gallileo (Gallusanlage 7, Fritz Novotny/Arthur Mähner, 2002, 136 m),
Main Tower (Neue Mainzer Straße 52–58, Peter Schweger, 1999, 240 m),
Japan Center (Taunustor 2–4, Joachim Ganz/Walter Rolfes, 1993–96, 114 m)

*Eurotheum
(Neue Mainzer
Straße 66-68,
Novotny Mähne
Assoziierte, 199
110 m),
Main Tower
(Neue Mainzer
Straße 52–58),
Peter Schweger,
1999, 240 m)*

Europäische Zentral-
bank, European Cen-
tral Bank, Banco
Central Europeo,
Banca Centrale
Europea *(Kaiserstraße*
29, Richard Heil/
Johannes Krahn,
1977, 143 m),
Main Tower
(Neue Mainzer Straße
52–58), Peter Schwe-
ger, 1999, 240 m),
Commerzbank-Hoch-
haus, Commerzbank
Tower, Rascacielos
del Commerzbank,
Grattacielo della
Commerzbank
(Große Gallusstraße
19, Sir Norman Fo-
ster, 1997, 259 m)

COMMERZBANK-HOCHHAUS

Der berühmte Architekt Sir Norman Foster (Reichstagskuppel in Berlin, Hongkong and Shanghai Bank in Hongkong) entwarf mit diesem Wolkenkratzer von 259 Metern (299 Meter mit Antenne) das höchste Gebäude Europas, in dem auf 63 Stockwerken 2000 Menschen arbeiten. Das Gebäude ruht auf einem Pfahlrost und entwickelt sich über einem dreiflügeligen Grundriss. Wie für Foster charakteristisch zeigt der Bau mit seiner transparenten Glas-Stahl-Konstruktion konsequente High-Tech-Ästhetik und Unverwechselbarkeit in den Formen und im Umriss, erzielt durch Vor- und Zurücksprünge in der Fassade, originelle Grundrisse und unterschiedliche Höhen der Ecktürme, die dem Bau zusätzliche Dynamik verleihen.

Designed by the famous architect Sir Norman Foster (also responsible for the dome of the Reichstag in Berlin and the Hong Kong and Shanghai Bank in Hong Kong), this skyscraper, at 259 metres high (299 with the antenna), is Europe's tallest building. 2,000 people work on its 63 floors. The building rests on a pile grid and spreads itself over a three-sided ground-level outline. As is characteristic for Foster, the building, with its transparent glass and steel construction, has a consistent high-tech look, plus an unmistakable appearance in terms of line and silhouette. This is achieved by protrusions and recesses on the façade, imaginative outlines and varying heights to the corner towers, giving the structure additional energy.

El famoso arquitecto Sir Norman Foster (cúpula del Reichstag en Berlín, Banco de Hong-Kong y Shanghai en Hong-Kong) diseñó este rascacielos de 259 mts. (con la antena son 299 mts.), el edificio más alto de Europa, en el que trabajan 2.000 personas en 63 pisos. La construcción se apoya sobre una parrilla de pilotes, desarrollándose a partir de una planta de tres alas. Como siempre en Foster, el transparente edificio de acero y cristal muestra una consecuente estética "High-Tech" e inconfundibilidad en formas y silueta, lo que se logra aquí por adelantos y retrocesos de las fachadas, plantas originales y desigual altura de las torres esquineras, todo lo que imprime una gran dinámica a su arquitectura.

Il famoso architetto Sir Norman Foster (Cupola del Reichstag a Berlino, Banca di Hongkong e Shanghai a Hongkong) ha qui progettato il grattacielo più alto d'Europa (259 metri, 299 metri con l'antenna) nel quale, su 63 piani, lavorano 2.000 persone. L'edificio poggia su un sistema di fondazioni a pali e presenta, in pianta, tre ali. L'estetica dell'edificio è caratterizzata da un approccio High-Tech, con una struttura trasparente in acciaio e vetro. Il carattere inconfondibile delle sue forme e del suo profilo è definito dagli aggetti e le rientranze della facciata, dalla pianta singolare e dalle diverse altezze delle torri d'angolo, che conferiscono alla costruzione un particolare dinamismo.

links, left, izq.,
a sinistra:
Europäische
Zentralbank,
European Central
Bank, *Banco Central*
Europeo, Banca Cen-
trale Europea **(Kai-**
serstraße 29, Richard
Heil/Johannes Krahn,
1977, 143 m)

Mitte, centre, centro,
centro:
DZ Bank (Mainzer
Landstraße 58,
Eugen Kohn/
William
Pedersen/Fox/Nägele/
Hofmann/Tiedemann,
1990–93, 208 m)

rechts, right, dcha.,
a destra:
Deutsche Bank
(Taunusanlage 12,
Walter Hanig/Heinz
Scheid/Johannes
Schmidt, 1979–84,
155 m)

Messe-Torhaus, 1984/85, 117 m

MESSE

Im Westteil der Stadt, nordöstlich des Bahnhofs, befindet sich das Messegelände. Es wird durch den 265 Meter hohen Messeturm des deutsch-amerikanischen Architekten Helmut Jahn weithin sichtbar markiert. Das 1988–91 errichtete Gebäude ist eine „postmoderne" Anlehnung an amerikanische Hochhäuser der 1920er-Jahre mit einer Spitze als oberen Abschluss. Daneben steht die als Rundbau errichtete neobarocke Festhalle von Friedrich von Thiersch, 1907–09. Zum Messekomplex gehören weitere z. T. künstlerisch bemerkenswerte Neubauten, darunter das 117 Meter hohe Messe-Torhaus mit dem Verbindungsbau zu den Hallen (Galleria) von Oswald Matthias Ungers (1984/85), das Forum Messe von Engel und Zimmermann aus Frankfurt (2001) sowie die Messe-Halle 3 von Nicholas Grimshaw & Partner aus London (2001/02).

LA FERIA

El recinto ferial se sitúa en la parte oeste de la ciudad, al noreste de la Estación Central de Ferrocarril. Es fácilmente reconocible por la torre Ferial de 265 mts. de altura, debida al arquitecto germano-americano Helmut Jahn. El edificio construido de 1988 a 1991 es una aproximación "posmoderna" a los rascacielos americanos de los años '20, con una pirámide como remate. A sus pies se encuentra la rotonda neobarroca del Salón de Fiestas construido por Friedrich von Thiersch en 1907/09. Al complejo ferial pertenecen otros edificios modernos destacables, como la "Torhaus" de 117 mts. de altura, que mediante su "Galeria" está conectada a los grandes Halls de exposiciones, una construcción de Oswald Matthias Ungers de 1984/85. Dignos de mención son también el "Forum Messe" de 2001 (Engel & Zimmermann, Francfort) y el Hall n° 3 de 2001/02 (Nicholas Grimshaw & Partner, Londres).

EXHIBITION GROUNDS

Located in the western part of the city, to the north east of the railway station, is the Frankfurt 'Messe', the city's exhibition grounds. German-American architect Helmut Jahn's 265-metre high Messeturm (Exhibition Centre Tower) makes the complex visible from far and wide. Built in 1988–91, the tower is a 'post-modern' imitation of American skyscrapers of the 1920s. Next to it is the neo-Baroque festival hall of Friedrich von Thiersch, built as a circular building in 1907–09. The exhibition grounds also have some other new buildings of artistic note, including Oswald Matthias Ungers' 117-metre high 'Messe-Torhaus' (Exhibition Gateway Building, built 1984/85) with its connecting structure to the exhibition halls (Galleria), the Forum designed by Engel and Zimmermann from Frankfurt (2001) and Hall 3, by Nicholas Grimshaw & Partners from London (2001/02).

FIERA

Nella parte occidentale della città, a Nordest della stazione, si trova la zona fieristica. Essa è caratterizzata e resa identificabile anche da lontano dalla *Messeturm* (Torre della fiera) costruita dall'architetto tedesco-americano Helmut Jahn. L'edificio, sorto nel 1988–91, è una interpretazione "postmoderna" dei grattacieli americani degli anni '20 del Novecento e culmina con un tetto a punta. Accanto si erge la Sala delle feste (Festhalle) neobarocca a pianta centrale, costruita nel 1907–09 da Friedrich von Thiersch. Al complesso fieristico appartengono anche altre nuove costruzioni tra cui alcune di grande valore artistico, come l'edificio d'ingresso alla fiera (alto 117 metri), la galleria di collegamento ai padiglioni espositivi, opera di Oswald Matthias Ungers (1984/85), il Forum Messe di Engel e Zimmermann di Francoforte (2001), e il padiglione espositivo 3 di Nicholas Grimshaw & Partner di Londra (2001/02).

*Messegelände mit Messeturm
(1988–91) und Forum Messe
Frankfurt (2001)
links: Messe-Halle 3 (2001/02)*

*Frankfurt exhibition grounds
with Tower (1988–91) and Forum (2001)
left: Hall 3 (2001/02)*

*Recinto ferial con Torre de las
Ferias (1988–91) y Forum Messe
Frankfurt (2001)
Hall n⁰ 3*

*Zona fieristica con Messeturm
(Torre della fiera, 1988–91) e
Forum Messe Frankfurt (2001)
Padiglione espositivo 3*

SENCKENBERG NATURMUSEUM

Unweit des Messeturms steht der neobarocke Museumsbau von Ludwig Nehers und Franz von Hoven, der für das Naturmuseum Senckenberg und seine Bibliothek (Senckenberganlage 25–27) 1904–07 erbaut wurde. Darin wird die eindrucksvolle, weltberühmte prähistorische Sammlung mit außergewöhnlichen Saurier-Knochenfunden ausgestellt. Das 1821 gegründete und von Goethe sowie dem Frankfurter Arzt Johann Christian Senckenberg geförderte Museum zeigt Originale und Abgüsse vom Erdaltertum bis zur Erdneuzeit, Mineralien und Tiere.

Not far from the Messeturm is the neo-Baroque museum building designed by Ludwig Nehers and Franz von Hoven, which was built in 1904–07 for the Senckenberg Natural History Museum (Naturmuseum Senckenberg) and its library (at nos. 25–27 Senckenberganlage). Exhibited in the museum is an impressive, world famous, prehistoric collection, including some extraordinary finds of saurian bones. Founded in 1821 and supported both by Goethe and the Frankfurt doctor Johann Christian Senckenberg, the museum displays original items and casts, both animal and mineral, from the ancient world to modern times.

A poca distancia de la Torre de la Feria se encuentra el edificio neobarroco de Ludwig Nehers y Franz von Hoven, construído en 1904/07 como Museo Senckenberg de Ciencias Naturales (Senckenberg-Anlage n° 25-27). Allí se expone la famosa colección prehistórica con los excepcionales hallazgos de huesos de dinosaurios. La colección, que fue fundada en 1821 y fomentada por Goethe y el médico de Francfort Johann Christian Senckenberg, muestra originales y vaciados en yeso de distintas edades de la historia de la Tierra, minerales y animales.

Non lontano dalla Messeturm si erge l'edificio museale neobarocco di Ludwig Neher e Franz von Hoven, che fu costruito nel 1904–07 per il Museo naturale Senckenberg e la sua biblioteca (Senckenberganlage 25–27). All'interno viene presentata una impressionante collezione preistorica, di fama mondiale, con singolari reperti di ossa di sauri. Il museo, fondato nel 1821 e sostenuto da Goethe e dal medico di Francoforte Johann Christian Senckenberg, mostra originali e calchi risalenti al Paleozoico e al Cenozoico, minerali e animali imbalsamati.

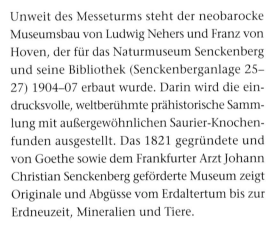

PALMENGARTEN

Beliebtes Ausflugsziel der Frankfurter ist der Palmengarten. Er wurde ab 1869 nach Plänen Heinrich Siesmayers mit einem künstlichen See, einem Berg und einer Grotte angelegt und durch das Palmenhaus von 1869–70 (Fassade 1929), das Verwaltungsgebäude (1870), das Gewächshaus 1905/05 (1987–89 erneuert), das Gesellschaftshaus (1878/79), die Villa Leonhardsbrunn (1908) und andere Bauten ergänzt.

Among the locals, a popular destination for a short trip is the Palmengarten (Palm Gardens). The gardens, with a man-made lake, a hill and a grotto, were laid out from 1869 to plans by Heinrich Siesmayer. They were later extended by several buildings, e. g. the Palm House (1869–70, façade 1929), the administration building (1870), the greenhouse (1905/07, restored in 1987–89), the assembly rooms building (1878/79), and Leonhardsbrunn Villa (1908).

Uno de los paseos favoritos de Francfort es el Palmengarten. Fue realizado a partir de 1869 según planos de Heinrich Siesmayer, incluyendo un lago artificial, una pequeña colina y una gruta. La Casa de las Palmeras (Palmenhaus) fue construida en 1869–70 (fachada 1929). La administración se encuentra en un edificio de 1870, el Invernadero data de 1905, habiendo sido renovado en 1987–89. La sede social (Gesellschaftshaus) de 1878/79 y la Villa Leonhardsbrunn de 1908 completan el conjunto.

Una meta di escursioni amata dalla popolazione di Francoforte è il Giardino delle palme (Palmengarten). Fu allestito a partire dal 1869 su progetto di Heinrich Siesmayers. E' dotato di un lago artificiale, una collina e una grotta ed è stato successivamente integrato con la costruzione di una serra per le palme (Palmenhaus, 1869–70; facciata 1929), dell'edificio amministrativo (1870), della serra con cupola (1905/05,1987–89), della Gesellschaftshaus (1878/79), della Villa Leonhardsbrunn (1908) e di altri edifici.

Westhafen, 2004–2008

Westhafen Tower (Westhafenplatz 1), schneider+schumacher/
Christoph Mäckler, 2000–04

Restaurant-Café Nizza am Main, Dieter Köhler, 2004

„Nizza am Main" (Foto: Eva Kröcher)

SACHSENHAUSEN

Als Brückenhof jenseits, d. h. südlich des Mains entstand im frühen Mittelalter der Ortsteil Sachsenhausen. Wahrscheinlich verband bereits 1036 eine hölzerne Brücke, die jedoch erst für 1222 überliefert ist, die beiden Stadtteile. Eine Steinbrücke ist schließlich für 1276 bezeugt, die bei den Hochwassern 1306 und 1342 beschädigt und um 1400 erneuert wurde. Um die Durchfahrt auch größerer Schiffe zu gewährleisten ersetzte man 1914–26 die Brücke durch einen Neubau mit acht Bögen nach Plänen von Hermann von Hoven und Franz Heberer. Der Name Alte Brücke blieb erhalten. Heute erreicht der Fußgänger Sachsenhausen, vom Römerberg kommend, bequemer über den Eisernen Steg, einer Fußgängerbrücke über den Main, die 1868–69 erbaut und 1911 bzw. 1993 erneuert wurde.

Sachsenhausen ist noch heute für seine Kneipen bekannt, in denen „Äppelwoi" (Apfelwein) oder „Handkäs' mit Musik", d. h. mit einer Soße aus Essig, Öl, Zwiebeln und Paprikagewürz serviert wird.

Im Gegensatz zur Stadtmitte hat sich in Sachsenhausen ein Großteil der Vorkriegsarchitektur erhalten, darunter ein kleiner Altstadtkern rund um die **Große und Kleine Rittergasse** sowie **Klappergasse**. Hier stehen Fachwerkhäuser des 17. bis 19. Jahrhunderts. Das **„Steinerne Haus"** (Klappergasse 3) stammt noch aus dem 15. Jahrhundert. Im westlichen Teil der Großen Rittergasse (Nr. 118) steht zudem der einzig sichtbare Rest der Sachsenhäuser Stadtbefestigung: der **Kuhhirtenturm**, um 1490 erbaut (Fachwerk 1957 ersetzt).

Bemerkenswertestes Gebäude Sachsenhausens ist das Haus **Schellgasse 8** von 1291, das zu den ältesten erhaltenen Fachwerkhäusern Deutschlands gehört. Es wurde in seiner ursprünglichen Form mit einer weiten Ständerstellung und sparsamen Verstrebung rekonstruiert, wobei die Hölzer über mehrere Geschosse laufen und miteinander verblattet sind.

Kuhhirtenturm (Große Rittergasse 118), um 1490
Kuhhirtenturm (118 Grosse Rittergasse), c. 1490
Torre Kuhhirtenturm (Große Rittergasse 118), hacia 1490
Kuhhirtenturm (Große Rittergasse 118), intorno al 1490

The district of Sachsenhausen first emerged as a bridge manor on the other side, i.e. to the south, of the Main in the early Middle Ages. A wooden bridge probably connected the two parts of the town as early as 1036, however there is no mention of this prior to 1222. There is evidence of a stone bridge in 1276, which was damaged in the floods of 1306 and 1342 and replaced in 1400. To enable passage for larger ships, this bridge was replaced in 1914–26 by a new, eight-arch structure designed by Hermann von Hoven and Franz Heberer. The name 'Alte Brücke' (Old Bridge) was retained. Today, coming on foot from Römerberg Square the most convenient way to reach Sachsenhausen is via the Eiserner Steg (Iron Bridge), a footbridge over the Main, built in 1868–69 and restored in 1911 and 1993.

To this day, Sachsenhausen is renowned for its pubs serving 'Äppelwoi' (cider) and 'Handkäs mit Musik', i.e. hand-moulded cheese with a sauce made of vinegar, oil, onions and paprika.

In contrast to the city centre, the majority of the pre-war architecture has been preserved in Sachsenhausen. This includes a small, core old town area around **Grosse Rittergasse**, **Kleine Rittergasse** and **Klappergasse**, where there are still half-timbered buildings from 17th to 19th centuries. The '**Steinernes Haus**' (3 Klappergasse) even dates from the 15th century. Towards the western end of Grosse Rittergasse (no. 118) you will also find the only visible remnant of Sachsenhausen's former town fortifications, the **Kuhhirtenturm** (Cowherd Tower), built around 1490 (the half-timbering was replaced in 1957).

Sachsenhausen's most noteworthy building is the house at no. 8 **Schellgasse**. Dating from 1291, it is one of the oldest half-timbered buildings in Germany. It has been reconstructed in its original form, with widely spread upright supports and sparing use of crossbeams, with the timbers running across several floors and lap jointed together.

Schellgasse 8, 1291
8 Schellgasse, 1291
Schellgasse 8, 1291
Schellgasse 8, 1291

Große Rittergasse 64, 18. Jahrhundert,
18th century, siglo XVIII, XVIII secolo

Steinernes Haus (Klappergasse 3), 15. Jahr-
hundert, 15th century, siglo XV, XV secolo

Como cabeza de puente de la "otra orilla" (es decir la del sur) del Meno, surgió en la temprana Edad Media el barrio de Sachsenhausen. Quizás ya en el 1036 un puente de madera uniera ambas márgenes del río, pero su primera mención data recién de 1222. Un puente de piedra está atestiguado en 1276, que se daña por las crecidas de 1306 y 1342 y se renueva en el 1400. Para dejar pasar barcos de mayor tamaño, se reemplazó este puente en 1914/26 por otro nuevo diseñado por Hermann von Hoven y Franz Heberer. El nombre "Viejo puente" se mantuvo. La forma más cómoda de llegar al barrio es, para el transeúnte de hoy, pasar por el Puente de Hierro (Eiserner Steg), puente peatonal construido en 1868/69 y renovado en 1911 y 1993. Sachsenhausen es conocido hoy por sus tabernas, en las que se sirve el tradicional "Äppelwoi" (vino de manzana) o "Handkäs' mit Musik" (una suerte de queso) acompañado con una salsa de aceite y vinagre, cebollas y condimento de pimiento rojo.

A diferencia del centro, Sachsenhausen ha conservado la mayor parte de su arquitectura de preguerra, entre otros un pequeño casco histórico en torno a las **Grosse y Kleine Rittergasse**, así como la **Klappergasse**. Aquí pueden verse casas entramadas de los ss. XVII a XIX. La **Casa de Piedra** (Steinernes Haus, Klappergasse 3) data aún del siglo XV. En la parte oeste de la Grosse Rittergasse (n° 118) se encuentra el único resto visible de las fortificaciones de Sachsenhausen: la torre **Kuhhirtenturm** del año 1490, cuyo entramado se renovó en 1957.

El edificio más remarcable de Sachsenhausen está en la calle **Schellgasse 8**, una casa del 1291, uno de los entramados más antiguos de Alemania. Fue restaurada en su forma original, con mucha distancia entre parante y parante, y con escaso apuntalamiento. Las maderas de una sola pieza alcanzan el alto de dos pisos y están sólo ensambladas entre sí, o sea que carecen de encastres.

Nell'alto medioevo sorse a Sud del Meno la località di Sachsenhausen. Già nel 1036 essa era probabilmente collegata all'altra riva da un ponte ligneo, sicuramente documentato solo a partire dal 1222. Un ponte in muratura era presente nel 1276, ma fu danneggiato dalle inondazioni del 1306 e 1342 e rinnovato nel 1400. Allo scopo di facilitare la navigazione del fiume alle grandi imbarcazioni l'opera fu sostituita nel 1914–26 da un ponte a otto arcate progettato da Hermann von Hoven e Franz Heberer. Il nome *Alte Brücke* (Ponte vecchio) si conservò. Oggi i pedoni raggiungono comodamente Sachsenhausen, provenendo dal Römerberg, tramite il cosiddetto *Eiserner Steg*, un ponte pedonale metallico sul Meno, costruito nel 1868–69 e rinnovato nel 1911 e 1993. Sachsenhausen è noto ancora oggi per le sue birrerie nelle quali vengono serviti "Äppelwoi" (Sidro) o "Handkäs' mit Musik", cioè formaggio di latte acido con una salsa di aceto, olio, cipolle e peperoncino.

Contrariamente a quanto avvenuto nel centro della città, a Sachsenhausen si è conservata una buona parte dell'architettura risalente al periodo prebellico, tra cui un piccolo centro storico intorno alla **Große Rittergasse**, alla **Kleine Rittergasse** ed alla **Klappergasse**. Qui si trovano caratteristiche *Fachwerkhäuser* risalenti al XVII–XIX secolo. La "**Steinerne Haus**" (Casa di pietra, Klappergasse 3) è ascrivibile al XV secolo. Nella parte occidentale della Großen Rittergasse (n° 118) si trova, inoltre, l'unico resto visibile delle fortificazioni cittadine di Sachsenhausen: il **Kuhhirtenturm**, una torre costruita nel 1490 (struttura lignea sostituita nel 1957).

L'edificio più interessante di Sachsenhausen è la casa presso **Schellgasse 8**, risalente al 1291, una delle *Fachwerkhäuser* più antiche di tutta la Germania. Essa è stata ricostruita nelle sue forme originarie e gli elementi strutturali lignei si estendono su più piani.

*Russische Gottesmutter-Ikone, Anfang 19. Jahrhundert,
Ikonenmuseum; Deutschordenshaus*

*Russian Mother of God icon, early 19th century, Icon
Museum; Teutonic Order House*

*ícono ruso con la Virgen, comienzos del s. XIX, Museo
de los Íconos; Casa de la Orden Teutónica*

*Icona russa della Madre di Dio, inizio del XIX secolo,
Museo delle icone; Deutschordenshaus*

*Dreikönigskirche,
1875–80*
*Church of the Magi,
1875–80*
*Iglesia de los Reyes
Magos, 1875–80*
*Chiesa dei Re Magi,
1875–80*

*Portikus (Alte Brücke 2,
Maininsel), Christoph
Mäckler, 2005–06*

DEUTSCHORDENSKIRCHE ST. MARIA

TEUTONIC ORDER CHURCH OF ST. MARY

An der Brückenstraße und damit unmittelbar an der Alten Brücke, die seit dem Mittelalter Frankfurt mit Sachsenhausen verbindet, errichtete 1207 der Deutsche Orden ein Hospital und begründete hier seine Kommende Sachsenhausen, die 1806 dem Orden im Zuge der Säkularisation entwendet wurde. Nach der Wiedererwerbung des 1943 ausgebrannten Gebäudes wird seit 1963 die Pfarrgemeinde wieder durch einen Ordensgeistlichen geleitet.

Der einschiffigen Kirche St. Maria aus der 1. Hälfte des 14. Jahrhunderts wurde 1747–51 nach Plänen Ferdinand Kirchmeyers die heutige barocke Westfassade vorgestellt. Dabei blieb die gotische Fassade fast unangetastet, so dass hinter dem barocken das gotische Portal und hinter dem barocken Rundbogenportal das gotische Maßwerkfenster erhalten ist. Das Innere besitzt eine harmonische Ausstattung mit Wandmalereiresten (z. B. einen Elisabethzyklus, um 1520), einer steinernen Madonna (um 1300), Renaissancedenkmalen und neugotischen Altären mit z. T. älteren Skulpturen und Tafelbildern.

In 1207, the Teutonic Order (Deutscher Orden) built a hospital and its Sachsenhausen command post on Brückenstraße, directly adjacent to the Alte Brücke (Old Bridge) that has connected Frankfurt and Sachsenhausen since the Middle Ages. The Order was dispossessed of the command post in the course of secularisation in 1806. The burnt-out building was reacquired in 1943, and since 1963 the parish community has again been led by a Teutonic Order cleric.

In 1747–51, today's Baroque west façade was built to plans by Ferdinand Kirchmeyer in front of the early 14th century St. Maria (St. Mary's) Church. In doing so, the Gothic façade was left almost untouched, and as a result the Gothic doorway is retained behind the Baroque one, and the Gothic tracery window behind the Baroque arched window. Inside, the church is harmoniously decorated and furnished with partially surviving murals (e.g. a cycle of the life of St. Elisabeth, c. 1520), a stone Madonna (c. 1300), Renaissance monuments and neo-Gothic altars, some incorporating older sculptures and panel paintings.

Deutschordenskirche St. Maria, 14. Jahrhundert, Fassade 1747–51; Deutschordenshaus, 1709–15

Teutonic Order Church of St. Mary, 14th century, façade 1747–51; Teutonic Order House, 1709–15

Sta. María, Iglesia de la Orden Teutónica, s. XIV, fachada 1747/51; Casa de la Orden Teutónica, 1709–15

Chiesa dell'Ordine Teutonico S. Maria, XIV secolo, facciata 1747–51; Casa dell'Ordine Teutonico, 1709–15

IGLESIA DE LA ORDEN TEUTÓNICA: STA. MARIA

Situada sobre la Calle del Puente (Brückenstrasse) y con ello en vecindad inmediata del Viejo Puente, que desde la Edad Media une Francfort con Sachsenhausen, la Orden Teutónica construyó en 1207 un hospital, estableciendo su Comendaduría de Sachsenhausen, que le fue quitada en el 1806 cuando la secularización. Luego de la nueva adquisición del edificio (que se incendió en 1943), la comunidad parroquial está dirigida nuevamente por un sacerdote de la Orden. La iglesia de nave única data de la primera mitad del siglo XIV. Su fachada barroca es un agregado de 1747/51 según trazas de Ferdinand Kirchmeyer. El trabajo fue hecho cuidadosamente, de manera que detrás del portal barroco se conserva el gótico, y detrás de los arcos barrocos de medio punto, los ventanales góticos de tracería. El interior cuenta con un diverso pero armónico equipamiernto: restos de pinturas murales (por ejemplo el ciclo de Sta. Isabel, pintado en 1520), una Virgen del 1300.

CHIESA DELL'ORDINE TEUTONICO S. MARIA

Nel 1207 l'Ordine Teutonico eresse lungo la Brückenstraße, e quindi nelle immediate vicinanze della *Alte Brücke* (che dal medioevo collega Francoforte con Sachsenhausen), un'ospedale e fondò qui la sua Commenda di Sachsenhausen che, nel 1806, nel corso della secolarizzazione, venne espropriata. Dopo aver riacquistato l'edificio, distrutto dal fuoco nel 1943, dal 1963 la parrocchia è nuovamente condotta da un religioso appartenente all'ordine. Alla chiesa ad una navata dedicata a Maria e risalente alla prima metà del XIV secolo, venne apposta, nel 1747–51, l'attuale facciata Ovest, progettata da Ferdinand Kirchmeyers in stile barocco. La facciata gotica originale rimase pressoché intatta: dietro al portale barocco si trova ancora oggi quello gotico e dietro alle finestre barocche a tutto sesto sono presenti quelle gotiche filigranate. All'interno si trova un arredo armonioso con resti di pitture murarie (per esempio un ciclo dedicato a S. Elisabetta, realizzato intorno al 1520).

MUSEUMSUFER

Durch das Konzept „**Museumsufer**" stieg Frankfurt in den 1980er-Jahren zu einer Kulturmetropole auf. Zu den bereits bestehenden Museen, wie dem Städel und dem Liebieghaus, kamen neue Museen entlang des linken Mainufers, die auch durch ihre Museumsarchitektur die Aufmerksamkeit auf sich ziehen.

MUSEUM FÜR ANGEWANDTE KUNST

Die Sammlung des Museums für Angewandte Kunst – früher „Museum für Kunsthandwerk" – ist eine der bedeutendsten ihrer Art. Sie umfasst über 30 000 Exponate, von denen ein großer Teil im historischen Ambiente der klassizistischen Villa Metzler von 1803 und in dem viel beachteten Museumsneubau von 1981–85 – bestehend aus drei miteinander verbundenen weißen Kuben – des berühmten New Yorker Architekten Richard Meier präsentiert wird. Die Dauerausstellung umfasst die Bereiche Europäisches Kunsthandwerk, Design, Kunst und Kunsthandwerk Ostasiens, Islamische Kunst und Buchkunst sowie Grafik. Herausragend ist die Möbelsammlung mit Exponaten der berühmten Roentgen-Werkstatt.

MUSEUM DER WELTKULTUREN

Das ehemalige „Museum für Völkerkunde", seit 2001 „Museum der Weltkulturen" genannt, hat seinen Sitz in der Villa am Schaumainkai 29. In wechselnden Ausstellungen wer-

MUSEUM BANK

The '**Museum Bank**' (Museumsufer) concept helped Frankfurt in the 1980s to become a significant cultural centre. It saw existing museums on the south bank of the Main, such as the Städel and the Liebieghaus, joined by a number of new ones, attracting attention not only by their exhibits but also through their museum architecture.

MUSEUM OF FINE ART

The Museum of Fine Art (Museum für Angewandte Kunst) – formerly the 'Arts and Crafts Museum' (Museum für Kunsthandwerk) – boasts a collection that is one of the most important of its kind. It embraces over 30,000 exhibits, of which many are displayed in the historic ambience of the classicist 'Villa Metzler' of 1803 and the highly regarded new museum building of 1981–85 – consisting of three interlinked cubes – designed by the famous New York architect Richard Meier. The permanent exhibition covers European arts and crafts, design, the art and craftwork of East Asia, Islamic art and book craft, as well as graphic art. The collection of furniture, including exhibits from the famous Roentgen workshop, is quite outstanding.

MUSEUM OF WORLD CULTURES

The former Museum of Ethnology (Museum für Völkerkunde), called the Museum of World Cultures (Museum der Weltkulturen) since 2001, is housed in the villa at no. 29 Schaumainkai.

Museum der Weltkulturen

Museum of World Cultures

Museo de las Culturas del Mundo

Museum der Weltkulturen

Museum für Angewandte Kunst, 1803 und 1981–85
Museo de Artes Aplicadas, 1803 y 1981–85

Museum of Fine Art, 1803 and 1981–85
Museo di arte applicata, 1803 e 1981–85

ORILLA DE LOS MUSEOS

El ascenso de Francfort a la categoría de metrópolis cultural se debe no en último lugar a la decisión de los años '80 del siglo XX de instalar una "Orilla de los Museos". A los museos ya preexistentes – como el Städel o la Liebieghaus – se agregaron otros más, todos sobre la margen izquierda del Meno, que no sólo destacan por su contenido, sino por el propio valor arquitectónico.

MUSEO DE ARTES APLICADAS

La colección de este museo (antes "Museo de artesanía") es una de las mejores en su género. Abarca más de 30.000 piezas, de las que buena parte se encuentra en el histórico ambiente de la clasicista Villa Metzler de 1803, así como en el admirado nuevo edificio del arquitecto neoyorquino Richard Meier, que se construyó entre 1981 y 1985, y que consta de tres cubos interconectados. La exposición permanente abarca el arte y artesanado europeo, diseño, arte y artesanía de Asia oriental, arte islámico, libros y obra gráfica. Destaca la colección de muebles con piezas del famoso taller de ebanistería de los Roentgen.

RIVA DEI MUSEI

Grazie al progetto "Museumsufer" ("Riva dei musei") Francoforte, negli anni '80 del secolo scorso, divenne una metropoli culturale di rango internazionale. Ai musei già esistenti come lo Städel e la Liebieghaus, sulla riva sinistra del Meno, se ne aggiunsero di nuovi che attirarono l'attenzione anche per le soluzioni architettoniche adottate.

MUSEO DI ARTE APPLICATA

La collezione del Museo di arte applicata – precedentemente denominato di artigianato artistico – è una delle più significative del suo genere. Essa comprende più di 30.000 oggetti espositivi, dei quali una buona parte viene presentata nello scenario storico della classicista Villa Metzler (1803) nonché nel celebre edificio costruito nel 1981–85 dall'architetto newyorkese Richard Meier, costituito da tre cubi bianchi collegati tra loro. La mostra permanente comprende sezioni di Artigianato Artistico Europeo, Design, Arte e Artigianato Artistico dell'Asia Orientale, Arte Islamica, Arte Libraria e Grafica. Di

den Stücke der umfangreichen Sammlung gezeigt, d. h. Exponate aus Süd- und Nordamerika, Europa, Afrika, Südostasien und Ozeanien, die seit dem 19. Jahrhundert zusammengetragen wurden. In der Galerie 37 in der Villa Schaumainkai 37 finden Ausstellungen zeitgenössischer und in Europa noch unbekannter Künstlerinnen und Künstler indianischer, afrikanischer, ozeanischer und indonesischer Herkunft statt.

Alternating exhibitions show items from the museum's comprehensive collection, i.e. exhibits from South and North America, Europe, Africa, South East Asia and Oceania, which were collected from the 19th century onwards. Exhibitions by contemporary Indian, African, Oceanic and Indonesian artists, currently unknown in Europe, are also staged in 'Galerie 37' in the villa at no. 37 Schaumainkai.

DEUTSCHES FILMMUSEUM

GERMAN FILM MUSEUM

Villenarchitektur um 1900, Museum der Weltkulturen

Villa architecture c. 1900, Museum of World Cultures

Arquitectura de Villa hacia el 1900, Museo de las Culturas del Mundo

Architettura di ville intorno al 1900, Museum der Weltkulturen

1984 eröffnet, zeigt das Filmmuseum in einer Villa von 1910 die Entstehungsgeschichte von Film und Kino anhand von Originalen und Funktionsmodellen. Zu sehen sind verschiedene Erfindungen, mit denen unbewegte und bewegte Bilder hergestellt werden, wie z. B. Guckkästen, die Laterna Magica und Abblätterbücher. Auch eine begehbare Camera Obscura und der

Opened in 1984 in a villa dating from 1910, the German Film Museum (Deutsches Filmmuseum) presents the history of film and the cinema using original exhibits and working models. Items to be seen include a variety of inventions producing still or moving pictures, e.g. peep shows, magic lanterns and flip books. A movable camera obscura and the Lumière brothers' cinématograph

MUSEO DE LAS CULTURAS DEL MUNDO

El antiguo "Museo etnográfico", rebautizado en 2001 como "Museo de las culturas del mundo", tiene su sede en la Villa Schaumainkai n° 29. En exposiciones temporarias se muestran piezas de la ambiciosa colección, provenientes de Sud y Norteamérica, Europa, África, Sudeste de Asia y Oceanía, existencias que se comenzaron a coleccionar a partir del siglo XIX. En la Galería 37 de la Villa Schaumainkai n° 37 se celebran exposiciones de artistas de origen indígena, africano, indonesio y de Oceanía, cuya obra es desconocida en Europa.

MUSEO ALEMÁN DEL CINE

Abierto en 1984 en una villa de 1910, el museo muestra la historia del cine, explicada con originales y maquetas-móviles. Pueden verse entre otros diversos inventos que sirvieron para proyectar imágenes inmóviles y móviles, tales como Cajas de Mirar, la Laterna Magica o el "cine de dedo" (librillos de hojeado acelerado). El Cinematógrafo de los hermanos Lumière y una Camera Obscura por la que puede caminarse forman parte del museo. En un pequeño cine en estilo de los años '20 se pasan documentales. Maquetas, reproducciones de escenografías y de estudios cinematográficos documentan la producción de películas. Además de la exposición permanente, el Museo el Cine organiza anualmente cuatro grandes exposiciones y algunas otras más pequeñas, todas dedicadas a la historia de las filmaciones o a personalidades destacadas del mundo del cine.

MUSEO ALEMÁN DE ARQUITECTURA

El museo está ubicado en una villa doble de 1912, que fue eventrada en 1981/84 y "rellenada" con una nueva construcción blanca de hormigón armado, diseñada por Oswald Mathias Ungers. La parte trasera se amplió en esa ocasión mediante una galería vidriada. El núcleo lo

particolare rilievo è la collezione di mobili con opere del laboratorio Roentgen.

MUSEO DELLE CULTURE DEL MONDO

L'ex "Museum für Völkerkunde" (museo etnologico), dal 2001 "Museum der Weltkulturen" (museo delle culture del mondo), ha sede nella villa presso il Schaumainkai (n° 29). Nel corso di mostre temporanee vengono esposti pezzi della ampia collezione, provenienti dal Sud e dal Nord America, dall'Europa, dall'Africa, dal Sudest asiatico e dall'Oceania, raccolti a partire dal XIX secolo. Nella Galerie 37, presso la villa Schaumainkai 37, si svolgono mostre di artisti contemporanei di origine indiana, africana, indonesiana e oceanica.

MUSEO TEDESCO DEL FILM

Inaugurato nel 1984, il museo del film presenta, in una villa del 1910, la storia dell'evoluzione del film e del cinema sulla base di originali e di modelli. In mostra sono presentate diverse invenzioni tramite le quali possono essere prodotte immagini statiche e in movimento (scatole ottiche, lanterne magiche, folioscopi). Si possono vedere anche una Camera Oscura ed il Cinématograph dei fratel-

Deutsches Filmmuseum, Villa von 1910

German Film Museum, villa from 1910

Museo Alemán del Cine, Villa de 1910

Deutsches Filmmuseum, 1910

Cinématograph der Gebrüder Lumière gehören zu den Exponaten. In einem kleinen Kino im Stil der 1920er-Jahre werden Dokumentationen gezeigt. Modelle, Nachbildungen von Kulissen und Filmstudio-Aufbauten dokumentieren die Filmherstellung. Neben der Dauerausstellung zeigt das Filmmuseum jährlich vier große und mehrere kleinere Sonderausstellungen zur Filmgeschichte und herausragenden Persönlichkeiten aus der Welt des Films.

DEUTSCHES ARCHITEKTURMUSEUM

Das Deutsche Architekturmuseum ist in einer Doppelhausvilla von 1912 untergebracht, die 1981–84 entkernt und mit einer weißen Stahlbeton-Konstruktion nach Plänen von Oswald Mathias Ungers umgestaltet sowie rückwärtig um eine Glashalle erweitert wurde. Den Kern bildet das über drei Stockwerke verlaufende „Haus im Haus", das in der „Urhütte" abschließt – dem Symbol für Architektur schlechthin. Das Museum zeigt die Dauerausstellung „Von der Urhütte zum Wolkenkratzer" zur Architekturgeschichte und als Schwerpunkt Sonderausstellungen zur heutigen Architektur.

MUSEUM FÜR KOMMUNIKATION

Die Sammlung, die aus Teilen des Berliner Reichspostmuseums hervorging, ist seit 1990 in dem mehrfach mit Preisen ausgezeichneten transparenten Museumsbau des Stuttgarter Architekturbüros Günter Behnisch & Partner ausgestellt. Der ursprüngliche Ausstellungsort, die benachbarte, von Franz von Hoven 1891 entworfene Villa ist heute Verwaltungsgebäude.
Die Geschichte der Kommunikation des Menschen wird anhand von fast 1 000 Exponaten aus den Bereichen Zeichen/Schrift/Nachricht, Brief und Paket, Telegrafie, Telefon, Radio, Fernsehen und Internet dargestellt. Besondere Ausstellungsstücke sind Tontäfelchen aus Mesopotamien und Telegramme von der Titanic. Wechselausstellungen ergänzen das Programm.

are also among the exhibits. Documentaries are shown in a small, 1920s style picture house, while models, recreations of film sets and studio backdrops document the history of movie production. In addition to the permanent exhibition, the Film Museum also puts on four large, and several smaller, special exhibitions each year on the history of the cinema and outstanding personalities from the world of the silver screen.

GERMAN MUSEUM OF ARCHITECTURE

The German Museum of Architecture (Deutsches Architekturmuseum) is housed in a double villa dating from 1912, which was remodelled in 1981–84 using a white reinforced concrete construction designed by Oswald Mathias Ungers, as well as extended to the rear through the addition of a glass hall. The museum's core is formed by a three-storey 'building within a building', which culminates in a 'primordial hut' – the ultimate architectural symbol of all.
The museum hosts a permanent exhibition on the history of architecture and special exhibitions on architecture of the modern era.

COMMUNICATIONS MUSEUM

The collection of the Communications Museum (Museum für Kommunikation), which emanated from parts of Berlin's Reichspost Museum, has been displayed since 1990 in the multi award winning transparent museum building designed by the Stuttgart architects Günter Behnisch & Partners. The exhibition's original venue, the neighbouring villa designed by Franz von Hoven in 1891, is now an administrative building.
The history of human communication is presented using almost 1,000 exhibits related to signalling, the written word, news and information, letters and parcels, telegraphy, the telephone, radio, television and the Internet. Special exhibits include small clay tablets from Mesopotamia and telegrams from the Titanic. The permanent display is supplemented by regular temporary exhibitions.

constituye "la casa en la casa" de tres pisos que remata en la "cabaña primigenia", símbolo ideal de toda arquitectura.

El museo muestra la exposición permanente "De la cabaña primigenia al rascacielo". Las muestras temporarias están dedicadas sobre todo el acontecer arquitectónico contemporáneo.

MUSEO DE LAS COMUNICACIONES

La colección se remonta en su origen a parte del Museo Imperial de Correos de Berlín, y se encuentra desde 1990 en el transparente edificio museal del Estudio de arquitectura "Behnisch & Partner" de Stuttgart, que ha sido varias veces premiado por su gran calidad. El predio original de exposiciones, una villa construida en 1891 por Franz von Hoven, es hoy día la sede administrativa de esta institución.

La historia de la comunicación humana se evidencia en casi mil piezas que abarcan los rubros signo/escritura/noticia, carta, paquete, telegrafía, teléfono, radio, televisión e Internet. Piezas curiosas son por ejemplo unas tablillas de terracota provenientes de Mesopotamia o telegramas enviados desde el Titanic. El programa del museo se complementa con exposiciones temporarias.

li Lumière. In un piccolo cinema in stile anni venti del Novecento vengono mostrati documentari. Modelli, ricostruzioni di quinte e di architetture temporanee per studi cinematografici documentano la nascita del film. Oltre alla mostra permanente il museo ospita ogni anno quattro grandi mostre temporanee e altre più piccole riguardanti la storia del film e personalità di rilievo del mondo cinematografico.

MUSEO TEDESCO DELL'ARCHITETTURA

Il Museo tedesco dell'architettura è ospitato in una villa del 1912 che, nel 1981–84, venne sventrata e rimodellata su progetto di Oswald Mathias Ungers con l'inserimento di una struttura bianca in cemento armato e l'ampliamento con un corpo vetrato sul retro. Il nucleo è costituito dalla "casa nella casa" che si sviluppa su tre piani e si conclude, in alto, con la "capanna delle origini", il simbolo per antonomasia dell'architettura. Il museo presenta la mostra permanente sulla storia dell'architettura intitolata "Dalla capanna delle origini al grattacielo". Al centro dell'interesse si colloca l'architettura contemporanea alla quale sono dedicate le mostre temporanee.

MUSEO DELLA COMUNICAZIONE

La collezione, che si è sviluppata a partire da alcune sezioni del Museo delle poste di Berlino (*Berliner Reichspostmuseum*), viene presentata dal 1990 nel più volte premiato edificio trasparente opera dello studio d'architettura di Stoccarda Günter Behnisch & Partner. I locali espositivi originali, la villa progettata nel 1891 da Franz von Hoven, sono oggi utilizzati dall'amministrazione. La storia della comunicazione viene illustrata a partire da quasi mille oggetti ascrivibili al settore segni/scrittura/informazione, lettera e pacchetto, telegrafo, radio, televisione e Internet. Oggetti espositivi singolari sono alcune tavole mesopotamiche in terracotta e i telegrammi trasmessi dal Titanic. Il programma è arricchito da mostre temporanee.

STÄDEL MUSEUM

Das Städel ist eines der bekanntesten und bedeutendsten Kunstmuseen in Deutschland. Gründer des Kunstinstituts war Johann Friedrich Städel, der bei seinem Tod 1816 sein Wohnhaus, seine Kunstsammlung und sein Vermögen dem Institut hinterließ mit der Auflage, die Kunstsammlung der Öffentlichkeit zugänglich zu machen und zu pflegen und den künstlerischen Nachwuchs zu fördern. 1874–77 entstand nach Plänen von Oskar Sommer zur Präsentation der Sammlung das stattliche Museumsgebäude im Stil der Neorenaissance am Schaumainkai. 1990 konnte der von Gustav Peichl entworfene Anbau in der Holbeinstraße eröffnet werden, 2011 ein 3.000 qm großer Erweiterungsbau des Frankfurter Architekturbüros schneider + schumacher.

Die Sammlung besitzt für alle Epochen vom 14. bis zum 20. Jahrhundert Spitzenstücke und eine gleichwertig hohe Bildauswahl. Unter den Künstlern, deren Werke präsentiert werden, sind so berühmte Namen wie Lochner, Cranach, van Eyck, van der Weyden, Memling, Fra Angelico, Botticelli, Raffael, Dürer, Holbein d. J., Pontormo, Tintoretto, Rembrandt, Rubens, Hals, Vermeer, Velázquez, Murillo, Canaletto, Tiepolo, Poussin, Watteau, Goya, J. H. W. Tischbein, Spitzweg, Böcklin, Monet, Renoir, Degas, Manet, van Gogh, Liebermann, Cézanne, Munch, Picasso, Matisse, Beckmann, Marc, Kirchner, Klee, Feininger, Hodler, Baselitz und Bacon. Die Dauerausstellung wird ergänzt durch wechselnde Kabinettausstellungen und hochrangige Sonderausstellungen.

The Städel is one of the best known and most important art museums in Germany. The art institute was founded by Johann Friedrich Städel, who on his death in 1816 left his house, his art collection and his fortune to the institute on the condition that the art collection be maintained and made accessible to the public and that new artistic talent be promoted. A neo-Renaissance style stately museum building on the Schaumainkai was built to display the collection in 1874–77 to plans by Oskar Sommer. In 1990, the Städel was able to expand into an extension on Holbeinstrasse designed by Gustav Peichl, in 2011 new rooms designed by schneider + schumacher.

The collection includes superb works of every era, from the 14th to the 20th century, with an equally high standard of picture selection. Amongst the artists whose works are exhibited are such famous names as Lochner, Cranach, van Eyck, van der Weyden, Memling, Fra Angelico, Botticelli, Raffael, Dürer, Holbein d. J., Pontormo, Tintoretto, Rembrandt, Rubens, Hals, Vermeer, Velázquez, Murillo, Canaletto, Tiepolo, Poussin, Watteau, Goya, J. H. W. Tischbein, Spitzweg, Böcklin, Monet, Renoir, Degas, Manet, van Gogh, Liebermann, Cézanne, Munch, Picasso, Matisse, Beckmann, Marc, Kirchner, Klee, Feininger, Hodler, Baselitz and Bacon. The permanent exhibition is supplemented by alternating showcase events and high quality special exhibitions.

El Städel es uno de los museos de arte más conocidos e importantes de Alemania. Su fundador fue Johann Friedrich Städel, quien en testamento de 1816 legó su casa, su colección de arte y su fortuna al instituto, a condición que sus existencias fueran expuestas al público y que se fomentara las nuevas generaciones de artistas. El ambicioso edificio del museo surgió en 1874–77 según planos de Oskar Sommer. Está situado en el muelle del Meno y se caracteriza por su estilo historicista-ecléctico. En 1990 se inauguró un ala de ampliación proyectada por Gustav Peichl, que da a la calle Holbeinstrasse. En 2011 se produce una ampliación de 3.000 metros cuadrados del despacho de arquitectos de Frankfurt schneider + schumacher. Aquí se celebran las exposiciones especiales. Los fondos permanentes de pintura de los siglos XIV al XX se caracterizan por mostrar obras maestras y una selección de piezas, todas de alto nivel. Entre los artistas aquí representados deben nombrarsae a van Eyck, van der Weyden, Fra Angelico, Lochner, Boticelli, Memling, Cranach, Durero, Rafael, Holbein, Pontormo, Tintoretto, Rembrandt, Rubens, Hals, Vermeer, Velázquez, Murillo, Canaletto, Tiepolo, Poussin, Watteau, Goya, Tischbein, Spitzweg, Böcklin, Monet, Renoir, Degas, Manet, van Gogh, Liebermann, Cézanne, Munch, Picasso, Matisse, Beckmann, Marc, Kirchner, Klee, Feininger, Hodler, Bacon y Baselitz.La expsición permanente se completa por exposiciones temporarias "de gabinete" y exposiciones puntuales de alto rango.

Lo Städel è uno dei musei d'arte più significativi e conosciuti della Germania. Fondatore dell'Istituto fu Johann Friedrich Städel che alla sua morte (1816), lasciò all'Istituto la propria casa, la propria collezione d'arte e il proprio patrimonio a condizione che la raccolta fosse curata e resa accessibile al pubblico e che nuove generazioni di artisti venissero sovvenzionate. Nel 1874–77, su progetto di Oskar Sommer, sorse presso lo Schaumainkai il possente edificio museale in stile neo-rinascimantale che doveva presentare la collezione al pubblico. Nel 1990 fu aperta la struttura attigua in Holbeinstraße realizzata da Gustav Peichl, nel 2011 un edificio di ampliamento di 3.000 mq degli studi di architettura di Francoforte schneider + schumacher.
La collezione comprende opere di punta di tutte le epoche comprese tra il XIV ed il XX secolo ed una altrettanto preziosa raccolta di dipinti. Tra gli artisti, compaiono nomi illustri quali Lochner, Cranach, van Eyck, van der Weyden, Memling, Fra Angelico, Botticelli, Raffael, Dürer, Holbein d. J., Pontormo, Tintoretto, Rembrandt, Rubens, Hals, Vermeer, Velázquez, Murillo, Canaletto, Tiepolo, Poussin, Watteau, Goya, J. H. W. Tischbein, Spitzweg, Böcklin, Monet, Renoir, Degas, Manet, van Gogh, Liebermann, Cézanne, Munch, Picasso, Matisse, Beckmann, Marc, Kirchner, Klee, Feininger, Hodler, Baselitz e Bacon.La mostra permanente è affiancata da mostre temporanee.

LIEBIEGHAUS
SKULTURENSAMMLUNG

1907 als städtische Skulpturensammlung gegründet, konnte das Museum 1909 in der 1896 erbauten burgartigen Villa des böhmischen Textilfabrikanten Heinrich Baron von Liebieg eröffnet werden, nachdem diese um einen neobarocken Galerietrakt erweitert worden war. 1990 wurde ein weiterer Flügel eröffnet.
Das Liebieghaus zählt zu den bedeutendsten Skulpturenmuseen Europas. Es bietet einen Überblick über Bildwerke von der äyptischen Kunst, der griechischen und römischen Antike über das Mittelalter (mit Werken von z. B. Hans Multscher und Tilman Riemenschneider) bis ins frühe 19. Jahrhundert (Werke des Klassizismus von Johann Heinrich Dannecker und Bertel Thorvaldsen). In seiner Ostasien-Abteilung präsentiert das Liebieghaus Werke aus China, Thailand, Kambodscha und Indonesien aus der Zeit vom 6. bis zum 16. Jahrhundert. Sonderausstellungen ergänzen das Ausstellungsangebot.

Established in 1907 as the City Sculpture Collection, the museum was opened in 1909 in Bohemian textile producer Heinrich Baron von Liebieg's castle-like villa, built in 1896, after this had been extended by the addition of a gallery wing. A second wing was opened in 1990.
The Liebieghaus ranks as one of Europe's most significant museums of sculpture. It provides an overview of sculptural work ranging from Egyptian art, Greek and Roman antiquity, through the Middle Ages (with works from the likes of Hans Multscher and Tilman Riemenschneider) to the early 19th century (including works from the classicism period by Johann Heinrich Dannecker and Bertel Thorvaldsen). In its East Asia section the Liebieghaus exhibits works from China, Thailand, Cambodia and Indonesia dating from the 6th to 16th century. Additional special exhibitions are also held.

Fundado en 1907 como colección municipal de esculturas, pudo inaugurar el museo dos años más tarde en una villa con aspecto de castillo medieval, que había sido construída en 1896 por un fabricante textil de Bohemia, Heinrich Baron von Liebieg, ampliada en aquél entonces mediante una galería de estilo neobarroco. En 1990 se agregó un tracto moderno.
La Liebieghaus se cuenta entre los museos de escultura más importantes de Europa. Ofrece un panorama de este arte partiendo de Egipto, pasando por la Antigüedad griega y romana, la Edad Media (con piezas de Hans Multscher y Tilman Riemenschneider) hasta llegar al temprano siglo XIX (obras clasicistas de Thorvaldsen y Dannecker). En su sección de Oriente la colección muestra piezas de los ss. VI al XVI, provenientes de China, Tailandia, Camboya e Indonesia. Exposiciones puntuales completan el programa cultural del museo.

Fondato nel 1907 come collezione scultorea cittadina, il museo venne aperto nel 1909 nei locali della villa del Barone Heinrich von Liebieg, fabbricante di tessuti boemo. L'edificio dalle sembianze di castello era stato ampliato per l'occasione con l'aggiunta di una galleria neobarocca e nel 1990 è stata aperta un'ulteriore ala.
La Liebieghaus è una delle raccolte di sculture più significative d'Europa. Essa offre una visone d'insieme della scultura dall'arte dell'antico Egitto, della Grecia e di Roma, fino al Medioevo (per esempio con opere di Hans Multscher e Tilman Riemenschneider) ed anche al primo XIX secolo (opere classiciste di Johann Heinrich Dannecker e Bertel Thorvaldsen). Nella sua sezione dedicata all'Asia orientale la Liebieghaus presenta opere provenienti dalla Cina, la Tailandia, la Cambogia e l'Indonesia ascrivibili ai secoli VI–XVI. L'offerta è ampliata da mostre temporanee.

GREECE

THE EPOCHS OF

origins in the tradition
Period"). Greek sculptur
of Phoenician art made
of Cyprus, Greek occup
The forms have a styli
The figures are statu

The years between
conflicts between Gree
was now rendered natur
Emotional moods were
("Classical Period").

When Alexander the Great
of the fourth century BC,
with him in his retinue. His politic

MUSEUM GIERSCH

Im Jahr 2000 gegründet, widmet sich das reine Ausstellungshaus der Kunst- und Kulturgeschichte des Rhein-Main-Gebiets. Es ist in einer klassizistischen Villa am Schaumainkai untergebracht, die um 1910 für die Unternehmerfamilie Holzmann erbaut worden war. Träger des Museums ist die 1994 von dem Frankfurter Unternehmer Carlo Giersch und seiner Frau Karin ins Leben gerufene gemeinnützige Stiftung Giersch. Das Museum präsentiert Leihgaben aus öffentlichem und privatem Besitz, die häufig nicht öffentlich zugänglich sind. Das Spektrum bezieht sich auf alle Gattungen der Kunst, von der Fotografie und Malerei (z. B. monografische Ausstellungen zu Morgenstern, Radl, Brütt und Franck), über Skulptur (z. B. Gaul, Klimsch und Bartsch), Grafik, Architektur und Kunstgewerbe. Eine herausragende Ausstellung befasst sich 2011 mit dem Expressionismus im Rhein-Main-Gebiet.

Established in the year 2000, this pure exhibition centre dedicates itself to the art and cultural history of the Rhine-Main region. It is housed in a classicist villa on the Schaumainkai built in 1910 for the family of business-owner Philipp Holzman. The museum is funded by the charitable Giersch Foundation launched in 1994 by Frankfurt businessman Carlo Giersch and his wife Karin. It exhibits works loaned to the museum from public and private ownership, which are often kept in warehouses or private collections and thus not accessible to the public. The range covers all types of art, including painting, photography, sculpture, graphic art, architecture and crafts.

Fundado en el año 2000, esta casa de exposiciones está dedicada al arte e historia de la cultura de la región del Rin-Meno. Su sede está en una villa clasicista sobre el muelle del Meno (Schaumainkai), que había sido construida en 1910 para la familia de empresarios Holzmann. Soporte del museo es la Fundación Giersch, surgida en 1994 por iniciativa del empresario frankfurtés Carlo Giersch y su esposa Karin. El museo presenta piezas dadas en préstamo por colecciones privadas y públicas, que normalmente están en depósito o en manos privadas, por lo que no son asequibles al público. El espectro abarca todos los géneros de arte: pintura, fotografía, escultura, grabados, arquitectura y artesanía.

Fondata nel 2000 la sede espositiva è dedicata alla storia dell'arte e della cultura della regione del Meno e del Reno. Essa è ospitata in una villa neoclassica costruita intorno al 1910 presso lo Schaumainkai, per la famiglia di imprenditori Holzmann. Dal 1994, gestore del museo è la fondazione Giersch, creata dall'imprenditore francofortese Carlo Giersch e da sua moglie Karin. Il museo presenta oggetti d'arte messi a disposizione da enti pubblici e privati, spesso altrimenti conservati in depositi o collezioni private, quindi non accessibili al pubblico. La collezione comprende opere appartenenti a tutti i generi artistici, dalla pittura alla fotografia, la scultura, la grafica, l'architettura e l'arte applicata.